跨学科课程丛书　　杨四耕　　主编

像博士一样探究
PHD 课程的创意与探索

费玉新◎编著

华东师范大学出版社
·上海·

图书在版编目（CIP）数据

像博士一样探究：PHD课程的创意与探索 / 费玉新编著. ——上海：华东师范大学出版社，2022
（跨学科课程丛书）
ISBN 978-7-5760-3213-0

Ⅰ.①像… Ⅱ.①费… Ⅲ.①素质教育-教学研究-初中 Ⅳ.①G632.0

中国版本图书馆CIP数据核字（2022）第161130号

跨学科课程丛书

像博士一样探究
PHD课程的创意与探索

丛书主编　杨四耕
编　　著　费玉新
责任编辑　刘　佳
特约审读　李小敏
责任校对　王婷婷　时东明
装帧设计　卢晓红

出版发行　华东师范大学出版社
社　　址　上海市中山北路3663号　邮编 200062
网　　址　www.ecnupress.com.cn
电　　话　021-60821666　行政传真 021-62572105
客服电话　021-62865537　门市（邮购）电话 021-62869887
地　　址　上海市中山北路3663号华东师范大学校内先锋路口
网　　店　http://hdsdcbs.tmall.com

印 刷 者　常熟市文化印刷有限公司
开　　本　787毫米×1092毫米　1/16
印　　张　16.25
字　　数　227千字
版　　次　2023年2月第1版
印　　次　2023年2月第1次
书　　号　ISBN 978-7-5760-3213-0
定　　价　52.00元

出 版 人　王　焰

（如发现本版图书有印订质量问题，请寄回本社客服中心调换或电话021-62865537联系）

编委会

主　编　费玉新
副主编　刘文晶
编　委　蔡成德　郁乐伟　陆　铭
　　　　陆宇平　卞焕清

丛书总序
跨学科课程：学校课程变革的时代走向

课程即科目，课程即知识，这种观念在人们的心里根深蒂固。其实，自古以来，课程就是"无学科"的，只是后来才发生了分化。古代社会的课程是以综合为特征的，专门化程度很低，与严格意义上的分科课程根本不能相提并论。换言之，原始的课程其实是"跨学科"的，是以人们对自身和外部世界的初态认识为基础的，学科分化是近现代以来的教育杰作。今天的跨学科课程是课程发展过程的否定之否定，是对此时代复杂问题的一种教育回应。

什么是跨学科？20世纪70年代，很多学者从不同视角对这个概念进行了界定。奥地利学者埃里克·詹奇将教育或创新组织看作一个自上而下的金字塔系统：目的层次、规范层次、实用层次、经验层次。詹奇认为，对于每一组相邻的层次而言，上一层次都赋予了下一层次目的性意义，而跨学科就是在相邻的高层次目的指导下，低层次中不同学科间的协调。通过多个层次目的的协调，最终得出适用于整个系统的共同目标，该共同目标可更好地协调整个系统以适应外界的变化。因此，跨学科的"跨界"属性是明显的，具有纵向协调和横向互动特征。

何谓跨学科课程？我们认为，跨学科课程是整合两种及以上学科的观念与方法，以解决真实问题为抓手，进而催生跨学科思维的一种课程范式。从"目的—手段"维度看，跨学科课程以获得跨学科思维为目的，以跨学科观念和方法为手段，以解决真实问题为中介。它既是一种以跨学科思维为取向的课程理念，又是一种综合探究性质的课程形态。

一、跨学科课程是以跨学科思维培育为取向的课程

跨学科思维是一种整合思维，它通过移植、共融、联动、互补的作用机制实现学科整合，这些机制的本质就是跨学科思维，跨学科课程正是以这种整合思维实现对真实问题的解决。跨学科思维是高阶整合思维，具有跨学科的问题意识、边界识别意识以及领域互动意识等思维特征。

跨学科课程着眼于跨学科思维培育和整体性人格培养。英国哲学家怀特海说："教育只有一个主题，那就是五彩缤纷的生活。但我们没有向学生展现生活这个独特的统一体，而是教他们代数、几何、科学、历史，却毫无结果；……以上这些能说代表了生活吗？充其量只能说，那不过是一个神在考虑创造世界时他脑海中飞快浏览的一个目录表，那时他还没有决定如何将它们合为一体。"怀特海的观点是令人深思的：学科是单向的，生活实施完整的；学科不代表生活，生活需要智慧。联合国教科文组织国际教育发展委员会在《学会生存——教育世界的今天和明天》中指出："目前教育青年人的方式，对于青年人的训练，人们接收的大量信息——这一切都有助于人格的分裂。为了训练的目的，一个人的理智认识方面已经被分割得支离破碎，而其他的方面不是被遗忘，就是被忽视；不是被还原到一种胚胎状态，就是随它在无政府状态下发展。为了科学研究和专门化的需要，对许多青年人原来应该进行的充分而全面的培养被弄得残缺不全。为从事某种内容分得很细或者某种效率不高的工作而进行的训练，过高地估计了提高技术才能的重要性而损害了其他更有人性的品质。"因此，超越学科，走向生活，推进跨学科课程是学校课程变革的一个走向。

二、跨学科课程是以解决真实问题为抓手的课程

化静态为动态、化抽象为具体、化知识为智慧，跨学科课程首先表现为课程

内容的这些改变。同时,运用跨学科观念,解决真实问题,发展学习者的跨学科理解力,跨学科课程本质上是学习场景与方式的变革。在这里,学习即探究、即行动、即跨界、即问题解决。作为学习方式,跨学科课程突破了行为主义学习理论将学习视为行为刺激与改变的观点,也突破了认知学习理论将学习视为信息加工、存储与提取的个体认知过程的见解。跨学科课程视学习为发生于具体情境中的社会关联实践,是具体的、鲜活的,是多维社会关联与交往互动的。跨学科课程是一种解决真实问题的实践活动,具有实践性、情境性和社会性特征。

2015年,联合国教科文组织通过的《教育2030行动框架》将社会情感学习提上全球教育政策议程:教育不仅仅要关注认知学习,更要关注儿童识别和管理情绪、关心他人、做出负责任决定、建立积极人际关系及巧妙应对挑战性情境等社会情感能力的培养。所谓社会情感能力,就是学生在处理与自我、与他人以及与社会的关系中敏锐觉察和妥善应对的能力,其中既关涉"知道如何"的问题,又关涉"实践如何"的问题,是"认知"和"行动"的有机统一。佐藤学说:学习是建构客观世界意义的"认知性实践",建构伙伴关系的"社会性实践",探索自我的"伦理性实践"。把学习视为一种实践,一种建构客观世界的意义实践、编织自我同他人关系的交往实践、探索自我价值的生命实践,这是跨学科课程丰富多彩的学习面貌。

三、跨学科课程是以跨学科观念和方法为手段的课程

世界的整体性、复杂性需要跨学科观念和方法,需要学科间的融合与渗透。法国学者博索特曾把跨学科方法分成三种类型:一是线性跨学科,即把一门学科的原理运用到另一门学科中的做法;二是结构性跨学科,即在两门或两门以上的学科结合中产生新的学科;三是约束性跨学科,即在一个具体目标要求的约束下,实现多学科的协调和合作。跨学科观念和方法是两门或两门以上学科之间相互作用的一种观念和方法。这种相互作用可能从简单的观点交流到在

一个领域内组织概念、方法论、认识论、术语、数据、研究和教学组织之间的相互融合，包含不同学科门类之间、学科和生活之间、自然科学和社会科学之间的多种合作形式。从跨学科的作用机制看，跨学科观念和方法比较有利于解决复杂问题。如果说单一学科方法旨在解决单一领域内的问题的话，跨学科方法则旨在整合不同学科观念和方法用以解决综合性的真实问题。

依据学科之间的整合程度与行动特性，我们可以将跨学科课程分为三种实践形态。一是多学科课程。多学科课程是在保留学科界限的前提下，用多个学科的视角、观念和方法探究一个问题或主题，由此催生多学科理解的课程实践形态。多学科课程的特点是既保持学科原有的逻辑体系，又在学科之间建立联系。二是融学科课程。融学科课程是将两种或两种以上学科融合起来，模糊学科界限以生成新的思维逻辑，在探究一个问题或主题中催生融学科理解的课程实践形态。如艺术课程融合了音乐、美术、戏剧、舞蹈等学科，就可以被视为融学科课程。三是超学科课程。超学科课程是跨越所有学科的界限，围绕共同主题展开探究性学习，在解决问题的过程中发展超学科理解力。如综合实践活动课程就属于超学科课程范畴。

当然，学科课程与跨学科课程是相对的，二者并不是对立的，而是相互嵌入、相得益彰的。只有当学习者充分理解了学科逻辑、具备了学科思维，才能在不同学科之间建立内在联系，进而创造性地解决复杂的真实问题，发展跨学科观念和能力。同时，任何一门学科课程，只有与真实的生活世界发生联系，在学科之间建立起了真正的联系，才能充分发展学习者的学科素养。

杨四耕

2020 年 4 月 8 日于上海市教育科学研究院

目录

序 顾明远 ... 1

前言 PHD课程的六大特征 ... 1

第一章 问题的真实性与主题的情境性 ... 1

PHD课程，直面的是现实生活中的真问题，研究是在现实生活真情境中展开。只有真实的问题才是学生看得见、摸得着的，才是研究起来有现实意义的，也才是有价值的。也只有在现实真实存在的情景和环境中去研究问题，PHD课程才能真正生动起来，灵动起来，鲜活起来，有浓浓的生活味。学生也可以更直接地将PHD课程的研究成果迁移到现实生活的相近问题之中，从而提高他们对社会的认知程度、增长他们的心智成熟度。

【PHD课程1】 校园欺凌为何屡禁不止 ... 3
【PHD课程2】 黄金分割在生活中的应用 ... 19

第二章　项目的独立性与要素的完整性　　　　　　　　　　39

　　　　PHD课程,其实就是一个个独立的项目。每一个PHD课程都有各自的项目任务书,项目任务书详尽地规定了研究过程中的要素、步骤和注意事项。学生根据项目任务书的指导,自行组织团队,独立进行研究。整个研究过程必须高度聚焦项目本身,同时要严格遵守研究要求,尤其是重视研究过程的完整性。这种学习方法让孩子拥有选择权,激发了他们对学习的内在动机,同时也赋予了他们责任感和独立意识。

【PHD课程3】　GO GREEN　　　　　　　　　　　　　　　41
【PHD课程4】　垃圾分类为什么如此难　　　　　　　　　　56

第三章　素养的综合性与指向的全人性　　　　　　　　　　71

　　　　PHD课程关注多学科的交叉融合,研究往往围绕一个核心目标展开,以某一学科知识和技能为主导,借助其他学科的知识和技能,有效地解决学生研究的问题,在问题探究的过程中,全面培养和训练学生的学习能力和综合素养。PHD课程在设计时着眼于学生的全面发展和终身发展,研究内容大多兼具德育和美育功能,研究方法是面向全体学生的,且能容许学生犯错,并对学生犯错过程以及改错过程予以充分关注,研究成果可以贯穿学生成长全程,注重培养学生的健全人格。

【PHD课程5】　文学意象与文化创意研究——以山茶花为例　　73
【PHD课程6】　叶贴画的多元制作研究　　　　　　　　　　87

第四章　学习的具身性和活动的驱动性　　　　　　　　　105

　　PHD课程是具身性的,也就是学生在进行课程学习时需要基于其身体的所有感知,将"身体"置于认知实践的中心地位,在身体体验及其活动方式中形成自身的学习认知。为了更好地让学生能多种感官全身心去体验,PHD课程强调要让学生围绕真实而有意义的驱动性问题去展开一系列探究活动。在项目式学习中使用驱动性问题能够增强学生学习的一致性和连贯性,帮助学生建立科学知识与生活的联系,并提高学生整合学科知识的能力。

【PHD课程7】　金属货币材料的演变研究　　　　　　　　　107
【PHD课程8】　火药的发明与世界文明的进程　　　　　　　130

第五章　主体的团队性和指导的灵活性　　　　　　　　　　151

　　PHD课程是基于团队学习而开发设计的课程,需要若干人合作才能完成。学生根据对各个项目任务书的阅读,依据自己的兴趣主动选择组成团队,并根据任务书的安排,进行自我分工与合作,以及自我考核与评价。教师以合作者和评价者的身份出现,在学生需要帮助时,以合作者的身份参与其中,并根据实际问题采取灵活多样的方式进行指导,切忌替代与包办。引导学生经历探索研究的过程,在探求知识的过程中共同成长。

【PHD课程9】　基于图像视角的菁美校园文化研究　　　　　153
【PHD课程10】 适合初中生的啦啦操设计研究　　　　　　　171

第六章　成果的构建性和评价的生长性　　　　　　　　　　189

　　PHD课程,是一个突出研究过程的科学性与完整性的课程。课程目标明确,所有活动环节有序衔接,研究成果就是在过程中逐步构建起来的。研究成果获得过程中,学生的学习兴趣更加浓郁,实践能力和合作探究能力得到增强,必备品格得到培养。评价的生长性,也是课程实施的突出要求,教师把"全人教育"作为目标有机融合到课程活动的评价当中,使评价基于学习、促进学习,更是学习本身的一部分。

【PHD课程11】　热缩片与菁园文化的交融研究　　　　　　　191
【PHD课程12】　城市玻璃幕墙的光污染研究　　　　　　　　207

后记　　　　　　　　　　　　　　　　　　　　　　　　　　226

序

当今世界正在发生着全面而深刻的变革,科学技术日新月异,新鲜事物层出不穷,互联网人工智能正在改变人类的生产生活;教育要适应时代变革,引领社会发展,正面临着教育观念的更新和学校教育生活重构的挑战。面对迅速发展变化的世界,中国基础教育承担着为党育人、为国育才的重任,教育要把培养社会主义建设者和接班人作为根本任务,要从未来时代的发展着眼,从人类未来发展着眼,从教育的本质着眼,从立德树人的根本任务着眼进行重构。学校有责任为学生提供丰富多样的课程,支持学生开展多样化的学习体验,让学生在校园生活中掌握科学知识、提升思维能力、塑造健全人格、满怀家国情怀,成为德智体美劳全面发展的社会主义建设者和接班人。

近年来,我的母校江苏省南菁高级中学实验学校的教师们在课程教学改革方面做了深入的探索,开发出了丰富的课程,学校的教育教学方式发生了深刻转型。学校以"向着美的方向奔跑"为教育理念,整体建构了学校的"菁华园课程体系",课程的设计和实施富有创造性和想象力,受到学生们的欢迎。特别令人高兴的是,教师们开发的 PHD 课程,内容紧扣社会现实和学生生活实际,课程实施尊重学生主体,课程教学实践呈现出综合性、探究性特征,充分体现出学校教育的前瞻性理念和以学生为本的教育追求。PHD 这一课程名称是英文单词 Doctor of Philosophy 的缩写,泛指"博士",学校以这 PHD 作为课程名称,包含着深刻的教育隐喻,似乎希望学生能够像博士一样去学习、去研究、去思考,充分发挥学习的主动性,从而让孩子成为学习的主人,让学习成为学生的内在需要。PHD 课程的整体内容设计直面现实生活中的真问题,注重研究的独立性与要素的完整性,培养学生素养的综合性与指向的全人性,学习重视学生的具身性和活动的驱动性,兼顾主体的团队性和指导的灵活性,聚焦成果的建构性和评价的生长性。其实施包括三个重要的环节：（1）基于真实情境发现问题；（2）基于小组合作开展研究；（3）基于多元评价展示成果。这三个环节很好地解决了传统教学内容陈旧、注重灌输、学生被动学习、评价维度单一的问题，让课堂回归社会现实，让学习回归真实情境，让学生合作探究，让评价多元立体，课堂活泼了，教育生动了。

PHD 课程之所以受到孩子们喜欢，是因为课程与广阔的生活现实世界建立了联系，以项目化的方式展开，让学习变得更有趣味，更加有挑战，调动了学生学习的积极性。费玉新校长向我介绍了课程设计的想法，就是希望孩子们像博士一样去学习，学生要获得小博士的称号，必须围绕一个真问题，在导师指导下做系统深入的研究，撰写论文或报告，通过答辩，进而授予博士学位。从课程的角度看，这其实就是课程探究过程。课程关注的不仅是学科成绩的提升，更加强调学生综合能力的培养，因此导师会指导学生对课程进行总结并完成研究论文或者报告，并依据研究论文完成答辩，答辩合格的同学授予"南菁小博士"荣誉。正如这本书中所说，"只有真实的问题才是学生看得见、摸得着的，才是有现实意义的，有价值的。也只有在现实中真实存在的情景和环境中去研究问题，PHD 课程才能真正生动起来，灵动起来，鲜活起来，有浓浓的生活味"。这门课程的开发，很好地体现了对学生思维能力的培养。过去我经常讲，"学生是学习的主体"、"学生成长在活动中"，我讲的学生主体和学生活动更多地是通过学生的思维活动来实现的。尽管从基础教育发展规模上看，我们基本上已达到发达国家的水平，但是我国教育事业在新时代中面临新挑战和新要求，当前的问题主要是如何提高教育质量。教育的本质在某种意义上来讲就是培养学生的思维，而课堂是培养学生思维的最好场所。我非常高兴地看到，南菁实验学校的 PHD 课程十分注重学生思维能力的培养，让学生在一个个有挑战的问题中学会思维，而课程内容中的科学问题与美学问题，也很好地实现了科学与艺术的统一，这对培养学生的想象力和创造力是十分有益的。

2021 年 5 月 21 日，习近平总书记主持召开中央全面深化改革委员会第十九次会议,审议通过了《关于进一步减轻义务教育阶段学生作业负担和校外培训负担的意见》。在"双减"的背景下开发PHD课程具有特别重要的意义。"双减"不是把孩子关在学校里做作业,而是要让孩子在学校获得更好的发展,让他们能在丰富的课程活动中获得更好的发展。当前无论是提倡学生参与式教学、探究性学习,还是基于项目的学习(PBL)、STEAM教学,都是为了让学生在学习活动中勤于思考、学会思考、发展思维。我希望母校的教师们在"双减"的课程实践中放手让孩子们去尝试,指导他们把书本知识的学习与实践结合起来,让学生自己去探索问题、提出问题,这样才能真正让学生的思维得到发展。也衷心祝愿教师们在课程开发与实施中不断学习并实现自身专业发展,提升教书育人的境界,以更好地担负起教书育人、促进学生全面发展的使命,做让祖国和人民放心的新时代的大先生。

是为序。

2021年12月2日

前言　PHD 课程的六大特征

江苏省南菁高级中学实验学校(以下简称南菁实验)是一所具有悠久历史且具有浓厚文化底蕴的名牌学校。坐落于江阴市城区中心,原为江苏省南菁高级中学老校区,亦系南菁书院旧址。南菁书院是江苏学政兼兵部左侍郎黄体芳于光绪八年在军机大臣、两江总督左宗棠的协助下创办的,书院命名取朱熹名言"南方之学,得其菁华"之意,它是清代末年江苏全省的最高学府和教育中心。南菁实验前身是江苏省南菁高级中学初中部,原办学地点在江阴市黄山路校区。2009 年,南菁新校区落成,高中部迁至敔山湾校区,初中部回迁至原高中部所在的老校区。2013 年 8 月,根据省教育厅《关于深入推进义务教育优质均衡发展的意见》,南菁初高中分设。原来的初中部改名为江苏省南菁高级中学实验学校。在学校深厚文化底蕴的润泽下,在全校师生的积极进取和不懈努力下,南菁实验将以更坚实的脚步迈向未来,以更勃发的激情办人民满意的教育。

随着社会经济的发展,物质条件的丰富,社会矛盾的转变,当代社会对学校教育又提出了新的要求。2014 年,教育部印发《关于全面深化课程改革落实立德树人根本任务的意见》,强调要高举中国特色社会主义伟大旗帜,推动社会主义核心价值观进教材、进课堂、进头脑,着力培养学生高尚的道德情操、扎实的科学文化素质、健康的身心、良好的审美情趣,努力使学生具有中华文化底蕴、中国特色社会主义共同理想、国际视野,成为社会主义合格建设者和可靠接班人。2019 年,中共中央、国务院印发的《关于深化教育教学改革全面提高义务教育质量的意见》中,明确提出要坚持"五育"并举,全面发展素质教育;要强化课堂主阵地作用,切实提高课堂教学质量。同年,国务院办公厅印发《关于新时代推进普通高中育人方式改革的指导意见》,明确 2022 年前全面实施新课程、使用新教材；完善学校课程管理，加强特色课程建设。创新教学组织管理，满足学生不同的发展需要；深化课堂教学改革，推进信息技术与教育教学深度融合。帮助学生树立正确理想信念、正确认识自我；注重利用各种社会资源，构建学校、家庭、社会协同指导机制。

"有什么样的学校文化就有什么样的办学品质"，南菁实验正是秉承着这样的教育理念，不断实践着将南菁文化特质融入学校管理、学校德育、学校教研、学校教学、学校课程、学校环境中。2014年，学校制定了《南菁文化润泽 师生共同成长——三年发展规划》(2014.9—2017.7)，多年不懈努力，构建了"以人为本·科学规范·和谐协作"的学校管理文化、"文化润泽·活动育人·自主为先"的学校德育文化、"骨干引领·团队协作·重实图新"的学校教研文化、"以学定教·实活精趣·开放创新"的学校教学文化、"精致特色·生动丰富·自主选择"的学校课程文化、"风景优美·民主平等·互促互进"的学校环境文化，南菁实验在传统的"自主为先、审美见长"的特色基础上又形成了"文化润泽"的特色。

呼应时代需求，南菁实验把培养和发展有文化、有精神追求的南菁学子作为学校目标。在南菁文化的润泽下，以"菁菁者我，乐育英才"为教育追求，2017年8月，南菁实验提炼出"菁美教育"的教育哲学，围绕"培养积正学、得正识、有实心、行实事的未来强者"的育人目标，秉持"向着美的方向奔跑"的办学理念，确立"在美的体验中自主成长"的课程理念，依据霍华德·加德纳的多元智能理论，构建了由语萃园课程、慧华园课程、科创园课程、健美园课程、艺韵园课程、德馨园课程这六大类课程组成的"菁华园课程"体系；各学科依据各自的课程标准，开发形成了各自的学科课程群，来丰富"菁华园课程"的内容，并从"菁美课堂"、"菁美课程"、"菁美社团"、"菁美节日"、"菁美之旅"和"菁美聚焦"六个方面入手来落实"菁华园课程"，以促进学生德智体美劳的全面发展。

南菁实验努力将学校文化建设扎根于南菁文化之中。在南菁文化的浸润下，南菁实验秉承"菁美教育"的教育哲学，确立了"在美的体验中自主成长"的课程理念,旨在促进学生德智体美劳全面发展。PHD课程的建构正是我校"菁美教育"理念的再一次实践。

PHD,是英文单词 Doctor of Philosophy 的缩写,泛指"博士",而 PHD 课程旨在帮助学生能够像博士一样去学习、探究。众所周知,要获得博士学位,必须围绕一个问题,在导师指导下做系统深入的研究,撰写论文或报告,通过答辩,进而授予博士学位。从课程的角度看,这其实就是课程探究过程。因此,PHD课程是一个系统的课程,主要包含三个基本环节。(1) 基于真实情境发现问题。课程围绕真实的情境展开,聚焦生活中的问题,并展开研究。(2)基于小组合作开展研究。PHD课程的基本学习形式是小组合作,学习过程中,学生以小组为单位,小组成员相互协作,在导师的指导下系统地研究真实情境下所蕴含的学科知识。(3)基于多元评价展示成果。PHD课程关注的不仅是学科成绩的提升,更加强调学生综合能力的发展,因此导师会指导学生对课程进行总结并完成研究论文或者报告,并依据研究论文完成答辩,答辩合格的同学授予"南菁小博士"荣誉。(如图1)

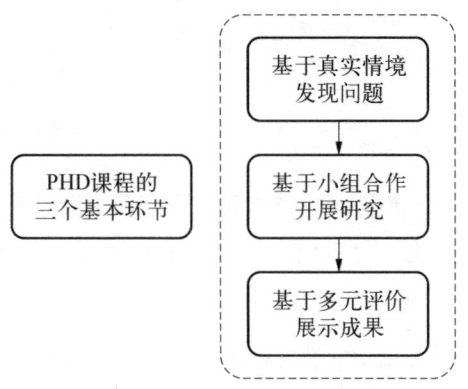

图1:PHD课程的三个基本环节

依据三个基本环节展开 PHD 课程的建构,这里以《怎样制作多元的叶贴画》为例(如图2)。

我国著名教育家、南菁杰出校友顾明远先生指出"我觉得真正地爱孩子是要为他们将来的幸福、长远的幸福考虑"。PHD课程的建设正是立足于学生发展,课程通过主题式教学,加强知识与知识、知识与人文、知识与社会之间的联系,旨在培养学生适应终生发展和社会发展需要的必备品格和关键能力。基于这样的教学目标,PHD课程的建构具有以下特征:

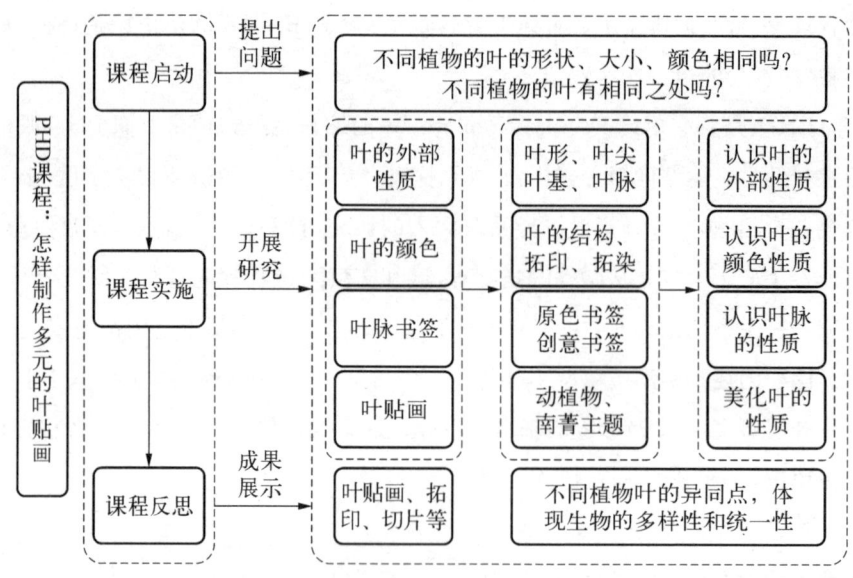

图 2：PHD 课程的实施过程举例

PHD 关注问题的真实性与主题的情境性。可以说现实生活是科学知识的来源，也是教学的源泉，因此教学只有联系生活，才能使学习者真正体验知识的生成过程、理解知识的内在意义和价值。因此 PHD 课程首先关注问题的真实性与主题的情境性，使教学与生活相连。简而言之，PHD 课程引导学生能够结合学科学习，发现、提出并解决生活中存在的某个问题，或解决某个特定情境的、有实际意义的问题。不仅如此，PHD 课程教学过程中，教师有意识地引入或者建构一定情境，让学生参与、体验知识产生和应用的过程。PHD 课程从真实问题和情境主题出发，主题的情境性可以将学生带入真实的、鲜活的探究情境中，帮助学生培养发现问题、提出问题的能力。

第一，PHD 课程聚焦生活中实际问题，让学生从真实的问题出发，帮助学生在处理真实问题的过程中进一步成长。问题的提出过程也是学生了解社会现状，聚焦生活热点话题的过程，如"垃圾分类为什么如此之难"、"校园欺凌为何屡禁不止"。当然一个个鲜活的问题的提出不能仅仅是对生活中现象的认识,更需要理解现象背后的内涵。解决真实性问题的过程也是学生参与实践、提升自我能力的过程。基于真实问题的PHD课程以生活为导向,围绕真实的问题,借助教师与同伴的帮助积极地探索,掌握解决实际问题的经验,对生活现实的进一步认识,形成自我人生观和价值观。PHD课程《校园欺凌为何屡禁不止》正是探讨了学生身边"校园欺凌"这样一个真实问题。课程针对近年来校园欺凌事件屡屡发生、涉事人员低龄化的特征,引导学生反思校园生活,调查分析校园欺凌的现状,帮助学生树立法治意识、纪律意识,养成良好的道德观念。

第二,将知识还原到情境中,可以让学生体会知识的来源和原始形式,也能增强对知识的理解力,甚至还能提升学生创造力。PHD课程以国家课程为蓝本,帮助学生搭建问题情境,让学生在主题式的情境中去研究问题,从而有效地激发学生的学习兴趣,帮助学生培养学科思维。情景化教学还能有效刺激学生,不仅能让学生更易接受新知,更会在知识产生的过程中产生共鸣。真实的情境还能使枯燥无味的知识产生切实的生长点,让学科教育具有更加深刻的意义。以真实情景为导向的学习能真正地让学生感悟学科本身的实际应用价值,让学生体悟出科学源于生活,同时也为生活服务。PHD课程《黄金分割在生活中的应用》正是基于这样的理念进行建构的。"黄金分割"是一种数学上的比例关系,具有严格的比例性、艺术性,蕴含着丰富的美学价值。"黄金分割"被人们认为是最美的比例,数学家认为其简洁,艺术家认为其妙不可言,"黄金分割"甚至广泛应用于音乐、建筑、绘画等领域。基于这样的问题情境,教师引导学生一起探索:什么是黄金分割?黄金分割到底美在哪里?有什么工具能够来测量黄金分割?如何发现生活中的黄金分割?能否利用黄金分割设计一些作品呢?源自于生活的数学活动不仅能够激发学生学习的动力,还能让学生在动手实践的过程中体悟数学知识的生成和应用。

PHD课程注重研究的独立性与要素的完整性。PHD课程所研究的问题是具有生活背景的问题,每一个问题的研究是相互独立的,也就是说PHD课程是一个个相互独立的项目。PHD课程的任务书详尽地规定了课程中的要素、研究步骤和注意事项,整个学习过程注重研究的完整性。PHD课程都由完整的要素组成,整个研究过程围绕核心内容展开,高度聚焦需要解决的问题,同时兼顾研究过程的完整性。

第一,从认知加工的角度来说,一个完整的认知过程分为信息的输入、信息的加工和信息的输出三个环节。相对应地,一个完整的学习过程也可以分为三个环节,即阅读、思考和表达。基于认知理论,杜威认为完整的学习过程包含了六个环节,分别是情境、问题、假设、推理、验证和展示。PHD课程同样注重学习过程的完整性。(1)情境。课程伊始,学生接触一个真实的情境,从事自己感兴趣的活动。(2)问题。在真实情境和活动中,学生利用现有的知识和经验,进行观察与讨论,发现和确定所需研究的问题。(3)假设。通过教师引导、小组讨论,提出解决问题的假设。(4)推理。通过对情境和问题的仔细考察,利用文献资料,对假设进行推理和共同研讨,以修正或调整假设。PHD课程允许学生犯错,当然也要自主发现错误的原因,发现错误的同时再次提出或者修正假设,直到获得正确结论。(5)验证。将假设和推论应用到实际情境中进行验证。(6)展示。利用验证的假设和推论生成学习成果向全体成员进行展示,进行答辩。PHD课程不同于"教师讲,学生听"的灌输式教学,这种学习方法让孩子拥有选择权,激发了他们对学习的内在动机,同时也赋予了孩子们责任感和独立意识。孩子们在研究过程中要注意要素的完整性,也就是要将每个环节完整地呈现、实施出来以达到预期效果。(如图3)

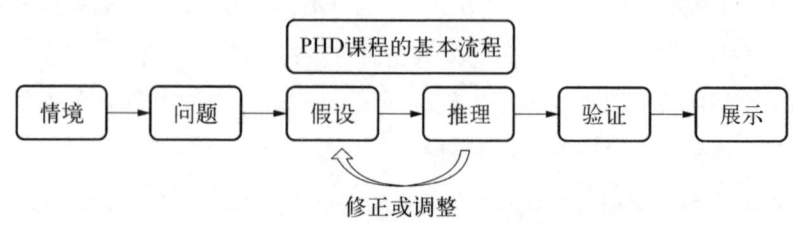

图3:PHD课程的基本流程

第二,PHD课程又具有一定的独立性,这里的独立性具有两层含义。(1) PHD课程一般由六个环节组成,即情境、问题、假设、推理、验证和展示。六个环节相对独立,缺一不可,事实上六个环节也具有递进关系,只有较好地完成了上一个环节才能将课程有效地推进。(2) PHD课程的一个重要特征就是研究的独立性。PHD课程的学习以小组为单位,每个学习小组之间是相互独立的,组内成员相互合作,共同探索。各学习小组甚至可以是竞争关系,通过同台竞技来展示小组的学习成果。PHD课程也会依据学情设置这样的"PK"环节,如在研究"中国火药是否对世界文明产生影响"时展示环节就采用辩论的方式进行,同学们在辩论中各抒己见,充分展示自己在整个课程中所获得的知识。

PHD课程培养素养的综合性与指向的全人性。学科知识的交互在全球教育创新与变革中具有重要意义,课程可以通过多学科的交叉融合与创新教法的应用来培养学习者综合素养。PHD课程注重多学科的交叉融合。课题研究往往聚焦一个核心问题,以某一学科的知识为主导,多学科知识融合,从而有效地解决所需研究的问题。PHD课程中,学生参与的教学活动是学习个体与个体之间的有效合作的过程,同时也是发现新知、探索新知、学用互检的过程,更是一种做中学、学中做,教学并进的过程。PHD课程的研究成果贯穿学生学习全程和成长全程,而这个过程也是培养学生健全人格的过程。

第一,PHD课程注重多学科的融合和综合素养的培养。(1) PHD课程关注生活实践和实际问题的解决。因此PHD课程一般聚焦一个核心问题,这个问题往往从生活出发,以真实情景为研究背景,单一的学科知识很难解决。这就需要以某一学科知识为主导,综合应用多学科知识来分析问题并解决问题。因此,PHD课程培养的不仅是语文、数学、科学、人文艺术等理论知识,也同时发展学生解决问题、知识迁移的能力。(2) PHD课程中,整个教学过程以学生为中心,帮助学生利用跨学科知识来解决实际问题;注重学科融合中的趣味性、情境性、协作性、艺术性、体验性等特征,也强调发展学生的人文底蕴、科学精神、学会学习、健康生活、责任担当、实践创新六大素养。

第二，PHD课程在设计时指向学生的全面发展和终身发展。PHD课程设计的初衷并不是局限于学科知识的学习，其研究内容多兼具德育功能。课题研究面向全体学生，充分考虑学生健全人格的培养和综合素养的发展。PHD课程《怎样制作多元的叶贴画》中，通过一系列的探索活动引导学生利用身边的叶资源，帮助学生从叶的形状、大小、颜色等方面去理解、认识、发现树叶中所蕴含的科学之美，采用多种方法从不同角度认识叶的性质，并进行多元叶贴画的制作。整个探究过程不仅培养了学生的观察能力、合作探究能力、提取和整理信息的能力，还在潜移默化中渗透了科学的思维和研究问题的一般方法，帮助学生真正地学会学习。

PHD课程突出学习的具身性和活动的驱动性。 在情境化的教学中，教学的出发点不是抽象的知识也不是课本，而是学生自身与自然、社会、他人和自我的相互作用。PHD课程通过情景的创设，让学生在情境中生发自己对事物或者问题最初的感受，激发其感性思维和内在探究问题的渴望和能力。教学过程中，利用生活情境、教学情境和教学活动来刺激学生身体的感知，注重口动、手动、眼动、耳动、身动的互动和结合来激发学生的学习兴趣，在探究过程中培养学生良好的学习习惯，提升学习质量。

第一，PHD课程充分体现学生学习的主体性，将学生置于学习主体地位，让学生通过亲身体验获得学科知识的认知。PHD课程所研究的问题大多源于生活，具有真实情境，学生需要围绕这些真实问题衍生出的驱动性问题展开一系列探究活动。而这种具身学习中的驱动问题能帮助学生建立学科知识与生活的联系，提高学生整合学科知识的能力。PHD课程让学生充分参与到课程学习的每一个环节中。在《火药的发明与世界文明的进程》中，为了让学生进一步了解火药发展历史，课程设计了舞台剧环节，让学生在参与舞台剧表演的同时充分了解火药发展历史。舞台剧以《秦始皇的"万岁梦"》《唐太宗错服丹药而崩》《隋末炼丹士发明火药》《李纲退金兵》等为题，要求学生在查阅资料的基础上，以舞台剧的形式展示出来。让学生亲身参与到整个教学环节中，不仅学生自己探索了相关知识，还需进行整合，以艺术的形式表现出来，全面发展了学生的综合素养。

第二，PHD课程强调从真实的问题出发，围绕核心问题展开系列研究，也通过问题的设置架构课程脉络。整个课程以问题为驱动，让学生经历一个个问题的探究不断发现新知识，体会知识的生成过程，发展自我学习能力。以《金属货币材料的演变研究》为例，该课题以金属货币的研究为背景，从"为什么人类喜欢用金属材料来铸造货币呢？人们通常选用哪些金属材料来铸造货币呢？金属货币材料不断演变的背后又与哪些因素有关呢？"等核心问题出发展开研究。以关键问题为驱动，引导学生展开研究。(1)通过亲自查阅网络资料或者书籍，了解货币生产的历史，了解金属货币产生的原因和发展的历史。(2)通过自己动手实验，研究金属的化学性质，如金属的耐腐蚀性，金属与氧气、酸是否反应等，来研究哪些材料可以用来制作金属货币。(3)综合应用所学金属的知识，制作金属货币成品。

PHD课程明确主体的团队性和指导的灵活性。PHD课程是基于团队合作而设计的课程，其学习任务必须依靠团队合作才能完成。各学习小组依据课程特征合理规划自我学习角色，进行自我分工与合作，最终团队合作完成考核与评价。在整个学习过程中，教师不是以教学的权威者形象来控制学生，而是以学习的支持者、引导者的身份来引导学生，在教学过程中与学生共同成长。

第一，PHD课程的学习以团队的合作为基础，各小组及其成员是学习的主体，学习任务需要各位同学合理配合才能开展，学习工具、学科实验的完成也需要小组通力配合才能顺利完成，学习评价也多以小组为单位进行。(1)自主组成学习小组。课程学习之初，学生仔细研读研究项目的学习任务书，对研究项目有初步了解，明确研究方向，并且依据自己的兴趣和能力去主动选择小组成员组成合作团队。(2)组内完成任务的分配。组成研究小组后，小组民主选出小组队长，并依据课程任务书的安排，合理地进行组员任务的分工与合作。(3)以学习小组为单位开展学习任务。课题的研究目标的研讨，解决问题方法的改进等都需要小组成员的积极参与。学习工具的制作如数学中的黄金分割尺,生物中的叶脉书签,美术中的热缩片等需要每一位组员动手操作;学科实验如物理中的光污染研究需要每一位小组成员出谋划策。(4)以小组为单位展示学习成果。学习成果的展示也是以小组为单位进行,无论是手工作品还是研究小论文都是全体成员努力的结果,学习小组都需要推荐一位小组代表向大家展示,充分体现小组的团队合作。

第二,PHD课程中,教师是学习过程中的引导者,负责制定课题研究方案,引导学生经历探索研究的过程。从这个角度来看,教师要明确学习者的实际认知水平,梳理出学习者学习的方向,以便于学生有针对性地学习。(1)教师在课程研究中帮助学生制定研究方案,明确需要研究的问题。例如在《黄金分割在生活中的应用》课程中,需要向学生展示课程中需要探究的几个层次,即了解黄金分割的概念及历史、掌握黄金分割的基本性质、应用黄金分割于生活之中。(2)教师还要能够分析学习需要,依据学生整体学习情况,选择合适的活动时机和活动方式来组织学习活动,保证学习活动达成预期目的。同时在实施研究方案的过程中,教师要针对不同的方案进行灵活有效指导,师生在探求知识的过程中共同参与、共同成长。

PHD课程聚焦成果的建构性和评价的生长性。评价和考核是一门课程中必不可少的组成部分,学习也需要及时的评价及考核才能够推动学生的进步。传统的纸笔考试无法完全反映出学生的学习情况,也不能体现出学生的能力和品质。因此,和传统课程比起来,PHD课程的评估更加注重学生学习的动机、兴趣和意志等因素的作用,教师也给予学生更多情感上的鼓励。同时,PHD课程把"全人教育"作为课程目标融入课程活动的评价中,使课程的评价基于学生学习情况,促进学生学习。

第一,PHD课程是要素完整的课程,所有教学活动都有序衔接,教学成果是在层层递进的教学活动中逐步建构起来的。PHD课程教学成果的呈现形式不仅仅局限于成绩,课程依据教学的实际情况及教学需要布置学习任务。在美术课程《热缩片与菁园文化的交融研究》中，利用热缩片作为媒介，将学校文化和美术学科知识进行融合，充分发挥南菁建筑文化、校史文化、雕塑文化的作用，通过南菁文化与热缩片的组合研究，提高动手实践能力。在物理课程《城市玻璃幕墙的光污染研究》中，围绕"如何利用光的反射相关知识去探究城市玻璃幕墙对人们生活的影响"展开研究。为了了解市民对于光污染的认识，课题组制定了《城市光污染研究调查问卷》；为了探究玻璃幕墙光污染产生原因，学生自主设计出切实可行的实验进行研究。最后撰写《城市玻璃幕墙光污染解决措施》小论文总结研究成果。不同的教学环节会有不同的教学任务，不同的教学任务会指向不同的教学成果，教学环节、教学任务、教学成果共同组成完整的PHD课程。

第二，和传统课程相比，PHD课程聚焦成长记录评价和表现性评价。所谓成长记录评价指的是对学生手工作品和小论文的评价，而表现性评价则指的是对学生的口头测验、辩论、实验技能等的评价。PHD课程大胆地采用了基础教育阶段全新的评价模式，课程的评价不仅仅基于课程物化成果的呈现，还利用"辩论"、"小论文答辩"来评价学生对课程的认知和掌握情况。PHD课程的评价过程，不仅仅是"对于学习的评价"，更是一种"作为学习的评价"和"促进学习的评价"。PHD课程也着力于提升课程评价的生长性，因此PHD课程的评价是阶段性的，分为过程评价和结果评价。（1）指导教师依据课程特点设计能够反映学生知识和技能的掌握程度，也能反映学生的观察能力，以及图像识读能力的过程评价量表，过程评价量表中会对教学过程中学生对几个关键问题的掌握情况进行考量。如《热缩片与菁园文化的交融研究》过程评价量表提出了以下几个问题：① 你能否在校园中找到体现菁园文化的景观？② 你能否查阅到与学校文化相关的资料？③ 能否将校园文化整合成图片资料？④ 能否将图像资料与热缩片融合成体现菁园文化的产品？分别由"学生自评"、"小组评价"、"教师评价"和"综合评价"来对学生的学习情况进行评价。（2）结果评价量表能够反映学生的动手能力与创造能力，也能反映学生解决问题或设计制作产品的有效性、实用性和独特性,如《热缩片与菁园文化的交融研究》结果评价量表中提出了以下几个问题:① 校园文化研究的交流报告是否能充分体现百年老校的特点? ② 所提炼的图像是否精美动人,是否能从图形、色彩、文字三方面体现校园文化? ③ 制作的热缩片成品外形是否美观,产品设计构思是否新颖独特? 阶段性的评价方式能够在课程学习的不同阶段中找到学生学习的问题所在,据此提出合适的改进方式,引领学习者学习的方向,促进学习者学习目的的达成与素养的生成。

为了突出上述的特征,在建设PHD课程的过程中,我们不仅要关注科学、技术教育,同时还要注重学生情感的培育,使PHD课程具有人文性与科学性相融合的特色。PHD课程始终鼓励学生用不同的思维方式去探索问题、解决问题,并尊重探索结果的差异性和多样性。PHD课程在基于问题情境的解决过程中需要学习小组间的交流与协作,这种学习模式加深了同学之间的交往,让学生体验到合作的乐趣。个体的异质性与价值的多元性能使人们在科学探究、科学学习、科学教学过程中各得其乐,各取所需,进而共同进步、和谐发展。因此,PHD课程在学生发展和教师发展上,都取得了明显的建设成效:

第一,有效丰富了学生学习体验积累,促进了学生研究能力的提升。南菁实验PHD课程无论是在课程内容建设、课程实施规划、课程评价革新等各方面均体现出了学生的主体地位。在课程内容建设方面,PHD课程坚持学生本身是重要的教育资源,课程的选题也紧紧贴近学生生活,使得PHD课程充满活力和生活气息,不再是"冷冰冰"的。在课程实施过程中,教师是引导者的身份,引导学生的主动思考和对知识的探索。在课程评价方面,学生亦是课程评价的主体,PHD课程创新地用课程答辩的形式让学生自主地阐释在课堂中的收获。由此可见,南菁实验真正地将学生置于学校的核心位置,增强学生的主人翁意识,通过PHD课程的建设促进学生核心素养的生根发芽,为学生发展的人生打下坚实的基础。(1) PHD课程培养了学生团队合作能力。对于学生而言,课程开展之初,学生从最初毫无相关学习经验,到投入到课题研究中去,再到制作学习作品、动手实验、汇报并展示学习成果、进行论文答辩,各个环节都需要学生之间相互配合,在小组讨论和分工合作中最终完成项目探究。(2) PHD课程促进了学生个人素养发展。PHD课程是由综合实践课程、学科融合课程等构成的系统、多元、分层的学校课程,极大地丰富了学生对于课程的选择和学习经历,在培养学生合作能力的同时也促进了学生个性的发展。在PHD课程中,学生在真实问题解决的体验过程中发展更加严谨的思维方式,增强搜集、分析和运用信息的能力,提高语言沟通能力和书面表达能力,强化感受美和创造美的能力。在驱动问题解决的过程中,学生学会多角度思考问题,提升自己逻辑思维能力。无论是从学生还是家长的反馈来看,对PHD课程的设计均给予了高度评价。在以学生为主体的课程中,学生也真正成为学习的主人,掌握的不仅仅是成果性知识,更是学习的方法以及综合素养的提升。

第二,有力推动了教师的学科水平提升,促进了素养导向下的教学理念形成。PHD课程开发的过程让教师将课程开发、教学改进与自己的人生价值联系在一起,积极探索打造优质课程、高校课堂的途径和方法。(1) PHD课程的学习方式不仅局限于学生的学习,也能够作用于教师发展,让教师认识到教师不再是决策的执行者,而是课程的决策者和探究者,课程资源的设计者和开发者。PHD课程研究的问题大多源于生活,教师要首先能从生活中发现学科问题,寻求学科知识与生活情境的连接点,从而依据学生学情构建PHD课程,因此PHD课程资源的建设不仅提升了教师对学科知识的把控能力,还进一步发展了自我知识的广度和深度。(2) PHD课程还提升了教师对课堂的把控能力。在探究过程中,教师真正实现了将课堂还给学生,让学生真正成为课堂的主人,将学生置于问题之中,而教师起到引导和指导作用,学会相信学生,放手让学生自主探究。自由的学习环境要求教师时刻能够把握学生对于课堂的掌握情况,因此无论是通过阶段性评价还是结果性评价,都要求教师能够深刻地把握住课堂,把握住学情。

南菁实验努力将学校文化建构扎根于深厚的南菁文化之中,秉承南菁"忠、恕、勤、俭"的校训,坚守南菁"崇尚勤读、提倡朴学、知行并重、关注社会"的文化品格和"重实、求严、图新"的学校精神,确立了"培养积正学、得正识、有实心、行实事的未来强者"的育人目标和"向着美的方向奔跑"的办学理念,积极主动推进学校内涵发展,不断使学校由优秀走向卓越。PHD课程的开发是南菁实验课程系统建设的一部分,也是南菁实验在学科育人道路上的一次有效尝试。在已有课程的基础上,我校依托学校学科优势及文化底蕴,不断丰富课程的内涵及样态,实现课内到课外的有效迁移,让学生在社会、生活、自然中去观察、体验,使学校的课程体系和课程文化真正丰富起来。

第一章
问题的真实性与主题的情境性

PHD课程，直面的是现实生活中的真问题，研究是在现实生活真情境中展开。只有真实的问题才是学生看得见、摸得着的，才是研究起来有现实意义的，也才是有价值的。也只有在现实真实存在的情景和环境中去研究问题，PHD课程才能真正生动起来，灵动起来，鲜活起来，有浓浓的生活味。学生也可以更直接地将PHD课程的研究成果迁移到现实生活的相近问题之中，从而提高他们对社会的认知程度、增长他们的心智成熟度。

第一章 问题的真实性与主题的情境性

【PHD 课程 1】 校园欺凌为何屡禁不止

表 1-1-1：PHD 课程概览

PHD 课程名称	校园欺凌为何屡禁不止		适用年级	七年级
课程类型	跨学科课程		课时安排	6 课时
涉及学科	道德与法治、语文			
PHD 课程简介	\multicolumn{4}{l	}{《道德与法治》课程是以学生逐渐扩展的生活圈层为基础,以中华优秀文化为载体的有机渗透为不可或缺的构成元素,以道德观、法治观引领下的良好品德和法治意识养育为两大支点,以学习、践行社会主义核心价值为主轴的一门必修课程。当今世界正处在大发展大变革大调整时期。为谁培养人、培养什么样的人、怎样培养人,是新时期所有教育理想和教育行动的起点和归宿。价值观教育和道德教育正在引领着世界课程改革的潮流。初中《道德与法治》课程则正是解决这些问题的,所以它是整个初中教学过程中的重点,是当前教学对每一名学生的最低要求,同时也是培养学生思想意识、人格修养、行为品德、法律素养的重要课程。针对近年来,校园欺凌事件呈现频率增加、涉事人员低龄化等趋势,通过反思校园生活,调查分析校园欺凌的现状,教会学生树立法治意识、纪律意识,养成良好的道德观念。}
核心问题	本质问题	\multicolumn{3}{l	}{明白人与人之间可能产生矛盾和冲突,懂得正确处理人际关系。探究校园欺凌的危害性,探讨遇到校园欺凌如何应对。}
	驱动问题	\multicolumn{3}{l	}{面对校园欺凌,受欺负的同学可能会有不同的选择,采取不同的对策,你认为哪些做法可取或不可取,并预测后果分别是什么?面对校园欺凌,你觉得解决问题的正确方法是什么?}

续 表

学科目标		1. 反思校园生活,调查分析校园欺凌的现状。 2. 学习、了解有关校园违法犯罪及其处罚的相关法律法规。 3. 对校园暴力欺凌现象产生的原因以及应对措施进行分析,学会自我保护,树立防范意识,采取合法手段保护自己的正当权益。 4. 树立法治意识、纪律意识,养成良好的道德观念。 5. 了解校园欺凌的成因及危害,学会预防校园欺凌,掌握应对欺凌的方法及技巧,提高自我保护能力,培养自主探究解决问题的能力及合作交流的能力。
关键能力		1. 通过校园欺凌这个话题和现象,培养学生全面分析问题的能力、收集和整理资料的能力,学会在生活中主动寻求帮助。 2. 通过对校园欺凌现象的全面分析,培养学生自主探究解决问题的能力及合作交流的能力。
PHD课程成果	产品形式	预防校园欺凌手抄报、小报告、小论文
	展示方式	小组研究报告、小论文写作、展板展示
学习评价	过程评价	根据学生在开展校园欺凌这个话题讨论的过程中,通过他们的收集实例,对案例的分析,在小组内的交流等活动,来对学生的批判性思维能力、人际沟通能力以及团队协作能力等社会性技能进行学生自评、小组评价、教师评价和综合评价。
	结果评价	从学生给出的分析建议和手抄报等展示资料中,来对学生相关法律知识和交往技能的掌握程度,对问题解决方案的建议或给出建议的有效性、实用性和独特性几方面进行评价。
PHD课程资源		1. 网络上的相关校园欺凌的案例(国内和国外的)和相关法律文献资料。 2. 媒体上的关于官方专项治理校园欺凌的新闻素材。 3. 调查自己身边的有关校园欺凌的案例。 4. 学校的法治副校长、少年法庭、当地派出所接受的采访。

一、PHD 课程启动

(一) 背景分析

近年来,校园欺凌事件呈现频率增加、涉事人员低龄化等趋势。中国青少年研究中心一项针对 10 个省市 5 864 名中小学生的调查显示,32.5%的人偶尔被欺负,6.1%的人经常被高年级同学欺负。而法制网舆情监测中心的数据显示,在 2015 年 1 月至 5 月媒体曝光的 40 起校园暴力事件中,75.0%的校园暴力事件发生在中学生之间,其中初中生更易成为校园暴力的群体,比例高达 42.5%,高中生次之,占比 32.5%。

2016 年 11 月,教育部联合中央综治办、最高人民法院、最高人民检察院、公安部等九部门印发《关于防治中小学生欺凌和暴力的指导意见》,向校园欺凌和暴力事件"亮剑"。此项专项治理包括多方面的措施,如各校集中对学生开展以校园欺凌治理为主题的专题教育,开展品德、心理健康和安全教育,邀请公安、司法等相关部门到校开展法制教育等。虽然专项治理工作已经过去这么久,但性质恶劣的校园欺凌事件仍然不断出现在公众视野,所以应当教会我们的学生如何面对校园欺凌,学会自我保护,树立防范意识,采取合法手段保护自己的正当利益。

(二) 学情分析

初中阶段的学生认知能力不断发展,自我意识不断增强,情感世界愈加丰富。他们在初中阶段独立意识快速增强,期望别人把自己看成大人,爱出风头,喜欢逞强,希望充当伙伴崇拜的"老大"。在这样的心理驱使下,容易以暴力挑衅来获得成就感,满足虚荣心。容易冲动,判断事物不客观,处理问题带情绪,自控能力差,易受情境影响。这个年龄段的青少年伴随着自我意识和独立意识的增强,容易出现自我同一性和社会角色的矛盾冲突,此时他们最需要的是精神支持,能使他们看到希望,然而他们从小到大,无时无刻不处于有形无形的竞争压力下,加上其他方面的困扰,压力日积月累,精神得不到松弛调整,思想苦闷容易把压力转向对他人和社会实施攻击。

初中阶段的青少年特别关注人际关系。如果他们在人际交往中扮演好自身角色,有助于建立良好稳定的人际关系;缺乏交往技能,则难以和别人沟通,不能愉快相处,容易出现孤独、彷徨等情绪问题,这时候出现暴力倾向的可能性就很高。

伴随自尊的发展,他们还特别爱面子,一旦交往受挫,便封闭自己,因孤独感、嫉妒心理而诱发激情报复,甚至演变成故意杀人。"差生"自认"低人一等",对他人心怀嫉妒;破碎家庭子女因缺少温暖环境、自卑心强等,格外容易将所有的挫折和批评都当成是对自己人格的"诋毁",从而激发强烈的暴力行为动机。

由此,我们提出了道德与法治学科的拓展课程的研究性PHD课程——"校园欺凌为何屡禁不止"。

(三) 学习工具设计及其评价

1. 设计学习工具

在研究性学习活动中,要发现并发掘学生潜在的能力,必须让学生以团队的形式来开展活动,如何让个性不同的学生实现一个共同目标的完成,我们设计了PHD课程名称表(表1-1-2),能让学生明确自己的团队约定,知晓自身的要求,形成一个团队共识,方便今后开展工作。具体操作如下:学生在本人意愿和初步了解同学意愿的前提下,组建小组,确定小组成员,并由该组成员为自己组命名,再由各小组民主推荐组长、副组长人选,确定好分工,实现个人和团队的紧密结合。(见图1-1-1)

表1-1-2:PHD课程名称

团队名称	
PHD课程名称	校园欺凌为何屡禁不止
PHD课程成员	

续　表

我们的约定	1. 每个人都要积极主动按时完成自己的任务。
	2. 讨论时，不插嘴，等发言同学说完再表达自己的观点。
	3. 当大家意见不一致时，小组成员投票决定。
	4. 我们要好好倾听其他同学的观点。
	5. 不遵守约定的，取消资格。
小组成员签名	

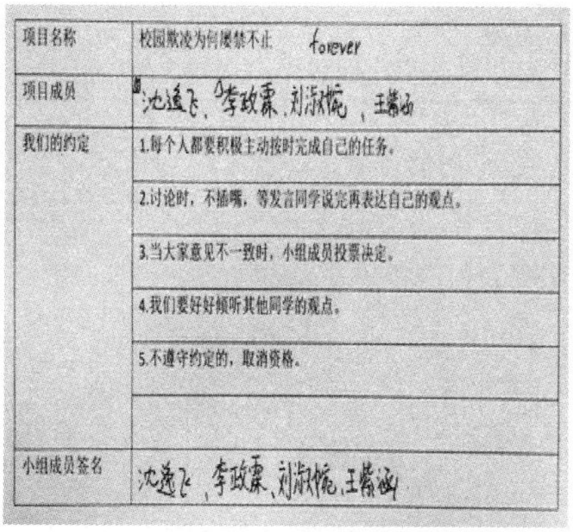

项目名称	校园欺凌为何屡禁不止　forever
项目成员	沈逸飞、李政霖、刘淑婉、王馨涵
我们的约定	1.每个人都要积极主动按时完成自己的任务。
	2.讨论时，不插嘴，等发言同学说完再表达自己的观点。
	3.当大家意见不一致时，小组成员投票决定。
	4.我们要好好倾听其他同学的观点。
	5.不遵守约定的，取消资格。
小组成员签名	沈逸飞、李政霖、刘淑婉、王馨涵

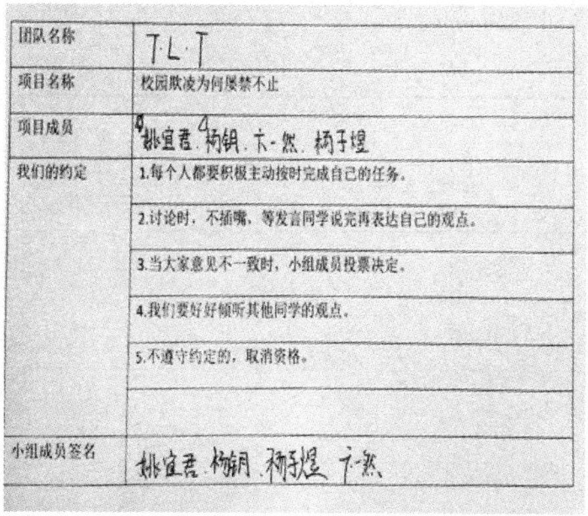

团队名称	T·L·T
项目名称	校园欺凌为何屡禁不止
项目成员	姚宜君、杨钥、卞一然、杨子煜
我们的约定	1.每个人都要积极主动按时完成自己的任务。
	2.讨论时，不插嘴，等发言同学说完再表达自己的观点。
	3.当大家意见不一致时，小组成员投票决定。
	4.我们要好好倾听其他同学的观点。
	5.不遵守约定的，取消资格。
小组成员签名	姚宜君、杨钥、杨子煜、卞一然

图 1－1－1：各小组团队契约

在研究性 PHD 课程活动中，如何引导学生参与 PHD 课程活动，教师必须及时助力学生，所以，我们根据不同的课时设计了调查方案表格和能及时反映学生参与活动的评价表。如我们设计了课题研究记录表（表 1－1－3 的表一、二、三、四）和过程评价量表（表 1－1－4），其中，表二能让学生有目的性地开展调查，做到心中有数，表三能通过学生的参与活动反映学生任务完成的过程，对学生的批判性思维能力、人际沟通以及团队协作等社会性技能有一个综合的评价。

表1-1-3：课题研究记录表（表一、二、三、四）

课题研究记录表一　　　　　　　　　　　　　　　　　　　姓名_____

课题题目	校园欺凌为何屡禁不止			
指导教师		课题组名称		时间
地点				
参与课题人员				
研究目的与内容	搜集校园欺凌案例（1组国际的，1组国内的，从中选择一个该小组成员认可度较高的案例作为该组的研究案例，建议首选江苏省无锡市、江阴市的），将案例的时间、地点、人物、起因、经过、结果等一一调查清楚，以便小组陈述时给大家一个完整清晰的介绍。			
研究成果记录				

课题研究记录表二　　　　　　　　　　　　　　　　　　　姓名_____

课题题目	校园欺凌为何屡禁不止			
指导教师		课题组名称		时间
地点				
参与课题人员				
研究目的与内容	1. 该事件对受害者和施暴者的影响分别有哪些？ 2. 在该事件中，施暴者可能触犯哪些法律？面临哪些处罚？			
主要收获				
未解决的问题和新发现的问题、可能的解决方法				

课题研究记录表三   姓名_____

课题题目	校园欺凌为何屡禁不止				
指导教师		课题组名称		时间	
地点					
参与课题人员					
研究目的与内容	1. 受害者在该事件中采取了哪种做法？这种做法可取吗？如果不可取，应该采取哪些做法？为什么？ 2. 面对暴力欺凌，你觉得解决问题的正确方法是什么？从合法性和合理性两个角度进行分析。				
研究成果记录					
未解决的问题和新发现的问题、可能的解决方法					

课题研究记录表四   姓名_____

课题题目	校园欺凌为何屡禁不止				
指导教师		课题组名称		时间	
地点					
参与课题人员					
研究目的与内容	1. 你认为造成校园欺凌的原因有哪些？ 2. 与小组同学讨论研究预防校园欺凌的对策与建议。				
研究成果记录					
未解决的问题和新发现的问题、可能的解决方法					

表1-1-4：过程评价量表

评价内容	学生自评	小组评价	教师评价	综合评价
参与态度				
人际沟通				
方法运用				
合作精神				
批判性思维能力				

2. 检核学习成果

为了检验学生的探究性活动的效果，也为了对他们参与活动的付出有一定的认可，我们设计了结果评价量表(表1-1-5)，此表能反映学生知识和技能的掌握程度，也能反映学生问题解决方案或设计制作产品的有效性、实用性和独特性。

表1-1-5：结果评价量表

评价内容	学生自评	小组评价	教师评价	综合评价
掌握知识的程度				
掌握技能的程度				
解决方案的有效性				
解决方案的实用性				
解决方案的独特性				
成果的有效性				
成果的实用性				
成果的独特性				

续 表

等级评价标准：

A 等级——① 能积极参与实践活动,探究问题的兴趣浓厚而持久,遇到困难能积极想办法解决。② 收集了与活动有关的大量信息,能够对收集的信息很好地分类整理。③ 交往能力强,善于沟通,能够通过面对面、电话、网络等多种渠道和方式向尽量多的家庭成员问询查访。④ 实践成果充实丰富,紧扣主题,汇报详细、有条理,问题得到圆满解决。能够以调查报告、手抄报或多媒体课件等形式展示成果,并且制作精美。

B 等级——① 能较积极参与实践活动,对探究的问题有一定的兴趣,能尽力克服活动过程中遇到的困难。② 收集了较多的信息,大部分与主题有关,能够对收集的信息进行较好的分类整理。③ 具有一定的交往和沟通能力,能够通过较方便的渠道和方式向比较亲近的家族成员问询查访。④ 活动成果基本能围绕主题,问题得到较好的解决。展示形式能基本反映活动成果,并且制作较好。

C 等级——① 基本上能参与实践活动,但不是很努力,对探究的问题兴趣不大,遇到困难容易放弃。② 收集的信息较少,只有少量与主题有关,不能对收集的信息进行分类整理。③ 交往和沟通能力有限,仅能向身边的家族成员进行简单的问询了解。④ 实践活动有一定内容,但成果较少,问题基本得到解决,汇报形式和内容过于简单。

为了更直观地显示整个课程的结构及过程,我们特别设计了一个该课程的流程图,具体见图 1-1-2。

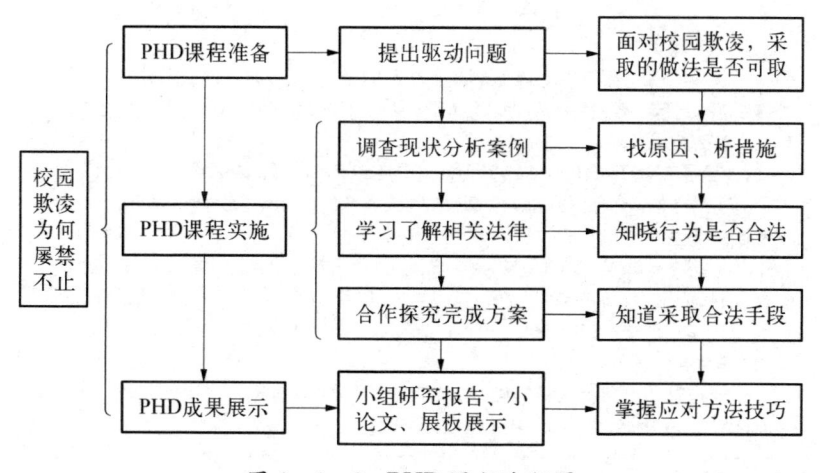

图 1-1-2：PHD 课程流程图

二、PHD 课程实施

（一）文献查阅，完成搜索

学生依托网络平台和文献资料，搜集校园欺凌案例（1 组国际的，1 组国内的，从中选择一个该小组成员认可度较高的案例作为该组的研究案例，建议首选江苏省、无锡市、江阴市的），将案例的时间、地点、人物、起因、经过、结果等一一调查清楚，以便小组陈述时给大家一个完整清晰的介绍。案例资料搜集完成后，学生先自主思考该事件对受害者和施暴者的影响分别有哪些，案例资料和自己的思考可以以文字记载或 PPT 的方式做好整理，以便课堂小组交流。

对于七年级学生来说，搜集案例资料，自主思考完成 PPT，都极具挑战性，学生在研究这个问题的过程中，他们的资料检索能力、归纳分析问题的能力、PPT 的制作能力都能得到相应的提高。我们选取了某一个小组在该课程中自主完成的资料搜索并最后呈现的案例。（见图 1-1-3）

南通校园欺凌 15 岁少年致死

@凡尔赛文学小组

2020 年 5 月 7 日，在江苏南通发生一起故意伤人事件，一名 15 岁的初三男生小盛被同学范某和社会青年蔡某殴打至脑死亡，并于 5 月 9 日抢救无效去世。

一、事发经过

起因是范某打算去打一个初一的小男生，这事被小盛知道后，他出于好心，不希望初一的小同学被伤害，所以就去劝范某不要打人，但范某仍坚持，于是小盛就把范某要打人的消息传播了出去。

小盛的这一举动引起了范某等人的不满，在 5 月 7 日那天，范某给小盛发来了 QQ 信息，威胁并恐吓小盛，小盛很害怕，当天没有去学校，但范某并没有收手，他找来了社会青年蔡某，把小盛引到一个隐蔽的地方，一个人抱着小盛，一个人朝死里打小盛。

二、事情结果

5 月 9 日，小盛抢救无效，永远地离开了人世。尸检结果显示，小盛死亡原因为：头面部遭受钝性暴力作用致外伤性蛛网膜下腔出血死亡。

图 1-1-3：某小组搜集的案例资料

(二)交流分享,讨论辨析

在查阅好资料的基础上,各小组在组长的带领下展开交流讨论,探讨问题如下:① 在该事件中,施暴者可能触犯哪些法律?面临哪些处罚?② 受害者在该事件中采取了哪种做法?这种做法可取吗?如果不可取,应该采取哪些做法?为什么?③ 面对暴力欺凌,你觉得解决问题的正确方法是什么?对其进行合法性和合理性的分析。④ 小组成员共同总结造成校园欺凌的原因有哪些。

学生自主有序发言,在前期做了相应的准备后,展开组内讨论,各抒己见。这时他们可能会遇到法律上的一些疑惑或是校园欺凌和现实生活中的某些行为之间的厘清问题,比如在受到校园欺凌时,受害者反抗或是反击如果致人重伤或死亡,算是正当防卫吗?关于正当防卫在法律上是如何规定的?等等,学生此时就会来咨询教师。所以,任教该课程的教师必须在上课之前做好充分的准备,对于某些法律上有可能涉及到的问题、疑惑都要事先进行了解,以便到时候可以解答学生的疑惑。也可以让学生在自主发现了这些问题后记录下来,然后学校邀请专业的法律人士予以专业指导,在讲解的过程中普及法律专业知识。

在小组交流的过程中,学生的语言表达能力、材料组织能力、合作探究能力都得到了相应提高。学生在交流的过程中也了解了法律,并且从案例的探讨中明晰了生活中公民要学会用法办事,有事找法,从而真正实现法律素养的提高。(见图 1-1-4)

(三)综合研究,撰写报告

每一个小组将本组的研究成果形成文字,并将任务分配到每一个成员,以小组为单位进行成果的简单汇报。

在这个小组展示的环节里,学生就会发现小组与小组之间的差距,观察到其他小组值得学习的地方,也会发现每一个小组每一个成员在展示的过程中的优点和可以提升的地方,从而在后面的环节中可以有针对性地完善本组的最终成果。

接着学生还是以小组为单位,在发现本组的问题后再来共同商量或决定本

图 1-1-4：学生课上研究，探讨

小组的成果展示是以怎样的方式进行。有些小组会撰写本组的关于校园欺凌的学生视角的研究报告或是小论文。在此过程中，我们学科组教师分组担任指导教师，指导学生进行写作修改，使学生逐渐掌握报告撰写、论文写作的主要方法。学生以小组为单位撰写研究报告或者个人撰写论文以待答辩与评价。有些小组会决定共同完成一份关于校园欺凌的手抄小报或者是电子小报。在此过程中，教师会为其提供相应的学习用具或一些指导。

对于七年级学生来说，撰写研究报告、写作论文是没有接触过的，在教师的指导下完成小组研究报告、个人小论文撰写，学生能获得满满的成就感，对他们来说颇具挑战性和尝试性。而选择用手抄报或电子小报的方式来呈现小组成果的，也需要小组每一个成员积极发挥自己的所长，并且还要学会如何分配任务，学生的统筹规划能力、与人沟通的能力、观察组织协调的能力在这个过程中都会得到提升。（见图 1-1-5）

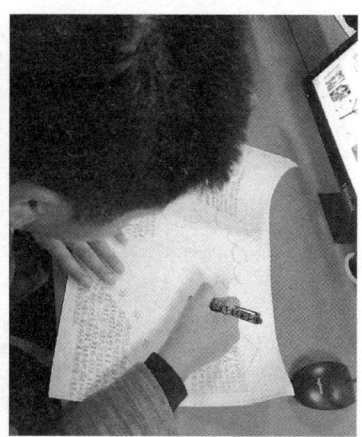

图 1-1-5：各小组协作完成作品

（四）成果答辩，作品甄选

每一个学习小组，选派一名代表来陈述本组的研究报告的主要观点或回答其他组同学对报告中的疑问之处。论文撰写的同学就自己的论文进行答辩。

研究报告、论文的答辩由学科组聘请相关专家对学生的成果进行指导和评价，挑选出优秀的作品。制作手抄报或电子小报的小组也选派一名代表来陈述该小报制作的初衷和目的，最后由在场的所有成员共同来投票选择优秀的小报在校园内展览。（见图 1-1-6）

（五）成果展示，经验共享

小组成员就这次 PHD 课程，制作关于校园欺凌的手抄报或电子小报，撰写研究报告或小论文，交流自己的研究成果、心得。各小组的优秀成果（研究报告、论文写作、手抄报或电子小报）做成展板在学校集中展示，增加学生自信心，

图1-1-6：挑选的优秀作品

培养集体荣誉感。以学校为单位对优秀的学习小组和优秀的学习积极分子进行表彰。(见图1-1-7)

图1-1-7：优秀学习小组展示

(备注：整个PHD课程中，为保护未成年人的隐私，除新闻公开报道的可以实名，其余的建议用化名或符号，如以小A、小B代替人名。)

三、PHD课程反思

(一) PHD课程设计层层推进、设计合理

本次PHD课程的主题是"校园欺凌为何屡禁不止"，课程从学生身边或网络上的新闻入手,很好地抓住了学生的兴趣点,再用一个个的问题将课程层层推进,引导学生自主学习了解相关的法律知识,让原本枯燥并且难懂的法律知识在无形中让学生知晓并最终理解法律对于他们健康成长的意义。学生在这个探究的过程中,阅读检索能力、逻辑思维能力、与人沟通能力等都得到了很好的提升,学生在这个过程中心理上也获得了巨大的成就感,增强了他们的自信心,这些都会对他们今后的学习和生活带来积极的影响。纵观 PHD 课程的各个过程,可谓层层推进,环环相扣,设计非常合理。

(二) PHD 课程评价促进能力成长,学生学习有动力

在 PHD 课程实施的过程中,本学科组的教师都确定了帮助对象,对于学生在学习过程中遇到的困难,我们都及时地给予指导。

在学生论文写作的过程中,我们也给学生提供了指导性的意见,并引导学生反复修改。通过 PHD 课程,学生的语言表达能力、逻辑思维能力得到了提高。

通过多元化的评价方法和合理的任务分配学习,让每一位同学在 PHD 课程中都能"大展身手"。

在学习中,学生逐步培养明确的是非观念,做事三思而后行,懂得交换角色,学会倾诉,善于求助;提升自主学习能力,激发学生的学习兴趣,为今后的学习增添动力。

(三) PHD 课程成果多样化,学生个性化发展有活力

PHD 课程最后的成果展示,没有硬性规定是哪一种特定的形式,而是充分考虑到学生的个性化发展,由小组成员自己来决定以什么样的方式来展示本小组的成果,这种成果多样化的展示,满足了不同潜质学生的发展需要,尊重学生作为一个人的个性,突出学生在整个教育过程中的主体地位,培养学生的主体意识和主体能力,考虑到了学生的生理、心理和年龄特点,以及个人的天赋、特长、兴趣、爱好,这样就能真正地促进学生的个性化成长,让他们有活力面对未来的学习和生活。

(四) PHD 课程的实施,促进教师队伍的专业化成长

PHD课程的实施,很多都是对学科知识要求很高的,还有些是跨学科的,无论是哪一种,都是对PHD课程教师的一种挑战。要想让整个课程能得到顺利的推进,课程教师要对本学科知识有充分的准备,或是对该课程相关的学科知识要有一定的熟悉程度,只有这样才能承担起全方位提高学生素养,促进学生人格健全的重任。而要实现这样的目的,课程教师就不得不及时提高专业素养,不断优化知识能力结构,紧跟时代社会的发展变化,紧跟学生需求与发展变化,从而最终实现教师队伍的专业化成长。

(撰稿者:胡桂娣)

【PHD 课程 2】 黄金分割在生活中的应用

表 1-2-1：PHD 课程概览

PHD 课程名称	黄金分割在生活中的应用	适用年级	七年级
类型	跨学科学习	课时安排	7 课时
涉及学科	数学、语文、美术		
PHD 课程简介	黄金分割(Golden Section)是一种数学上的比例关系。黄金分割具有严格的比例性、艺术性、和谐性，蕴藏着丰富的美学价值。应用时一般取值 0.618，就像圆周率在应用时取值 3.14 一样。 　　"黄金分割比"被人们普遍看作是万事万物的最佳比例，数学家认为它简洁，美学家认为它和谐，艺术家认为它妙不可言。黄金分割被广泛地应用于建筑、设计、绘画等各方面。通过本课程的学习既扩大了学生所学的知识范围，又能加深对黄金分割的认识，同时让学生进一步体会数学与自然及人类社会的密切联系，将进一步丰富学生的数学活动经验，促进学生观察、分析、归纳、概括的能力和审美意识的发展。正是由于这方面思考，促使我们运用"PHD 课程"来开展黄金分割的学习，希望通过这一实践来贯彻探究性学习理念，发展学生的思维能力。		
核心问题	本质问题	黄金分割是什么？黄金分割在生活中是如何被应用的？	
	驱动问题	什么是黄金分割？黄金分割美在哪里？如何寻找黄金分割点？如何制作黄金分割工具？生活中有黄金分割吗？你能利用黄金分割设计作品吗？	

续　表

学科目标		数学学科：知道黄金分割的定义；会找一条线段的黄金分割点；会判断某一点是否为一条线段的黄金分割点；了解黄金分割在建筑、艺术等各领域的广泛应用；通过分析、整理资料了解黄金分割的构图特点；认识数学与人类生活的密切联系对人类历史发展的作用；感受数学就在我们身边，提高对数学的学习兴趣。 　　语文学科：通过问题探究，撰写相关论文，提高论文写作能力和书面表达能力，培养自主、合作、探究学习意识，锻炼协作能力和互助精神；通过汇报交流结果的方式发布学习的成果，展示设计作品，发展表现自我的能力和自我评价能力，提高语言表达、沟通交流能力。 　　美术学科：学会运用黄金分割的理论设计简单的图案；用黄金分割的属性进行判别，并自己动手进行作品设计，提高学生的动手实践能力。
关键能力		学生查找、阅读资料，寻找黄金分割在数学史中的研究过程，提高文献的查阅能力和材料的归纳能力；会找一条线段的黄金分割点并能灵活运用，培养学生的动手操作能力与知识运用能力；通过撰写小论文，提高论文写作能力；通过参与论文答辩，提高学生的语言表达能力。
PHD 课程成果	产品形式	论文、实物、PPT 等多种方式
	展示方式	小论文写作、课堂答辩
学习评价	过程评价	是否完成了黄金分割的学习内容；是否会找一条线段的黄金分割点；是否会判断某一点为一条线段的黄金分割点；是否积极参与 PHD 课程学习，制定 PHD 课程实施的计划并按时完成；是否与小组成员相互协作等方面。制定评价量表，由自评、小组评、师评三方共同完成评价。
	结果评价	小论文的写作是否完整，有创新性；是否展示形式恰当、呈现方式多样、能够借助信息技术等媒体辅助展示；是否有作品；个人答辩的语言表达能力和临场能力。最后综合评价，授予"南菁小博士"称号。
课程资源		1. 网络资源和相关文献资料的查阅； 2. 指导教师对 PHD 课程实施过程中理论加实践的指导； 3. 黄金分割工具。

一、PHD 课程启动

(一) 背景分析

"黄金分割"在数学史上有着重要的地位,也有着其美学价值。以此为背景展开的课程学习,可以激发学生学习数学的兴趣,使学生更好地了解数学的发展历史,而且本课程给予学生充分的自主探究时间,使学生理解数学概念、结论逐步形成的过程,体会蕴涵在其中的数学思想方法。

利用一条线段上的两个黄金分割点,可做出正五角星、正五边形。因为它在造型艺术中具有美学价值,在工艺美术和日用品的长宽设计中,采用这一比值能够引起人们的美感,在实际生活中的应用也非常广泛,建筑物中某些线段的比就科学采用了黄金分割,舞台上的报幕员并不是站在舞台的正中央,而是偏在台上一侧,以站在舞台长度的黄金分割点的位置最美观,声音传播得最好。就连植物界也有采用黄金分割的地方,如果从一棵嫩枝的顶端向下看,就会看到叶子是按照黄金分割的规律排列着的。在很多科学实验中,选取方案常用一种 0.618 法,即优选法,它可以使我们合理地安排较少的试验次数找到合理的方法和合适的工艺条件。正因为它在建筑、文艺、工农业生产和科学实验中有着广泛而重要的应用,所以人们才以珍贵的黄金作比,称它为"黄金分割"。黄金分割(Golden Section)是一种数学上的比例关系。黄金分割具有严格的比例性、艺术性、和谐性,蕴藏着丰富的美学价值。

古希腊的毕达哥拉斯发现了长与宽的最佳比例为 1∶0.618,这被称作"黄金分割比"。"黄金分割比"被人们普遍看作是万事万物的最佳比例,数学家认为它简洁,美学家认为它和谐,艺术家认为它妙不可言。黄金分割被广泛地应用于建筑、设计、绘画等各方面。通过本课程的学习既扩大了学生所学的知识范围,又能加深对黄金分割的认识,同时让学生进一步体会数学与自然及人类社会的密切联系,将进一步丰富学生的数学活动经验,促进学生观察、分析、归纳、概括的能力和审美意识的发展。正是由于这方面的思考,促使我们运用"PHD课程"来开展黄金分割的学习,希望通过这一实践来贯彻探究性学习理念,发展学生的思维能力。

(二) 学情分析与课程目标

初一的学生在小学学习了线段的比和成比例线段的内容,已经有了坚实的基础。作为一门选修课,能够选择这门课程的学生对数学是比较感兴趣的,有一定的数学基础。而且学生对黄金分割有兴趣,甚至是有一定的了解的。有的学生虽说对黄金分割比较陌生,但丰富的多媒体信息展示黄金分割的有关知识,有助于帮助学生加深对本课程的理解与应用,故采用直观演示法、引导发现法,通过学生自主学习、互动交流,让学生在做中学,在学中做,同时教学中充分利用黄金分割与生活的紧密联系,体会黄金分割的美学价值。学生对现实生活中的数学问题有较大的学习兴趣;学生具有合作精神;通过指导,大部分学生具有一定的搜集信息的能力,会利用网络搜集资料;学生学习生长环境不同,对建筑、艺术方面的了解程度差别较大。

PHD课程目标有三。(1) 知道黄金分割的定义,会找一条线段的黄金分割点,会判断某一点是否为一条线段的黄金分割点,了解黄金分割构图的特点,了解黄金分割在建筑、艺术等各领域的广泛应用,学会运用黄金分割的理论设计简单图案。(2) 通过问题探究,撰写相关论文,提高论文写作能力和书面表达能力,培养自主、合作、探究学习意识,锻炼协作能力和互助精神;通过整理、分析资料,了解黄金分割的构图特点,学会运用黄金分割的理论设计简单的图案;用黄金分割的属性进行判别,并自己动手进行作品设计,提高学生的动手实践能力;通过汇报交流结果的方式发布学习的成果,展示设计作品,发展表现自我的能力和自我评价能力,提高语言表达、沟通交流能力。(3) 通过和小组同伴的协作互助,体现团结合作的精神;认识数学与人类生活的密切联系对人类历史发展的作用;促进学生观察、归纳、分析、概括能力和审美意识的发展;感受数学就在我们身边,提高对数学的学习兴趣。

(三) 学习工具设计及其评价

1. 设计学习工具

我们设计了三个实际问题,具体如下。第一个问题:大家知道芭蕾舞演员跳舞时为什么要踮起脚尖吗?(见图1-2-1)第二个问题:测量图1-2-1中线段 AB、AC 的长度,求出 AB 与 AC 的比值;测量图1-2-1中线段 BC 的长度,求出 BC 与 AB 的比值。第三个问题:黄金分割尺(如图1-2-2)的数学原理是什么?利用各种材料设计出相应的工具。

图1-2-1:芭蕾舞演员图片

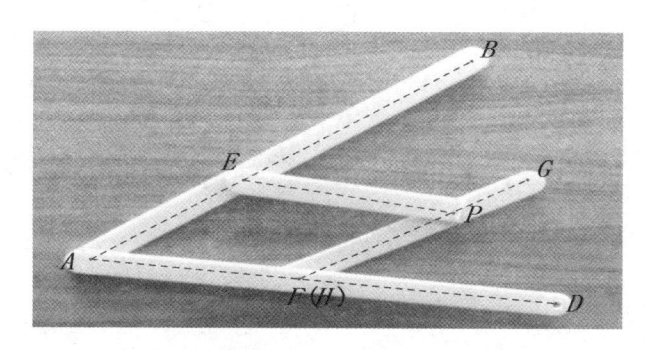

图1-2-2:黄金分割尺

2. 检核学习成果

我们主要采取自评量规、互评量规和答辩量规检核学习成果。

首先,我们设计自评量规,各小组成员在完成了黄金分割的学习之后,对活动过程进行评价,填写相关内容。(见表1-2-2)。

其次,我们设计互评量规,为了了解学生的活动收获,教师引入 PHD 课程学习活动表现性评价表(见表1-2-3),对学生的表现和学习效果进行等级打分,提高学生对 PHD 课程的参与度。

表1-2-2：PHD课程学习自我学习评价量表

1. 你完成了整个课程的学习吗？	○ 完成小部分　　○ 基本未完成 ○ 完成　　　　　○ 完成大部分
2. 你觉得自己在课程中的表现怎么样？	○ 非常好　　　　○ 一般 ○ 不是很好　　　○ 很不好
3. 你了解黄金分割在生活中的应用了吗？	○ 了解　　　　　○ 不了解
4. 通过本课程，你有哪些收获？	收获和感受：

表1-2-3：PHD课程表现性评价表

要点与权重	评价等级		
	A	B	C
课堂参与度(20)	课堂上积极参与	在别人的提醒下参与	基本不参与
个人贡献(15)	对小组贡献较大	完成分配任务	贡献较小
个人成果(15)	有个人作品成果	有小组合作成果	没有作品或成果
小组合作(20)	带领小组完成任务，代表小组上台展示	受到鼓励会参与小组合作	不太参与小组合作
小论文以及答辩(15)	认真撰写小论文，答辩效果好	撰写论文，参与答辩	未撰写论文或未参与答辩
建议			

最后，我们采用答辩量规，在PHD课程学习结束后，学生进行小组答辩和个人答辩，教师引入如下表格（表1-2-4），对学生的答辩进行评价，给出等第。

表1-2-4：PHD课程学习学生答辩评价量表（教师用表）

评价维度	评 价 标 准	等 级
语言表达	表达流畅有条理，仪态大方、活泼，应答能力强	(A/B/C/D)
媒体应用	展示形式恰当、呈现方式多样、能够借助信息技术等媒体辅助展示	(A/B/C/D)
研究过程	1. 研究活动多样，研究方法恰当 2. 内容材料翔实、素材丰富、过程记录完整 3. 数据充分，活动图片、视频等丰富	(A/B/C/D)
研究结果	研究结果完整、有创新性	(A/B/C/D)
小组合作	小组成员配合默契，体现团队良好的合作精神	(A/B/C/D)

（四）PHD课程的流程安排

为了推进PHD课程学习有序进行，使学生的学习更具目标性、循序性，我们制定了整个PHD课程推进的流程图，让PHD课程实施过程清晰有序（见图1-2-3）。

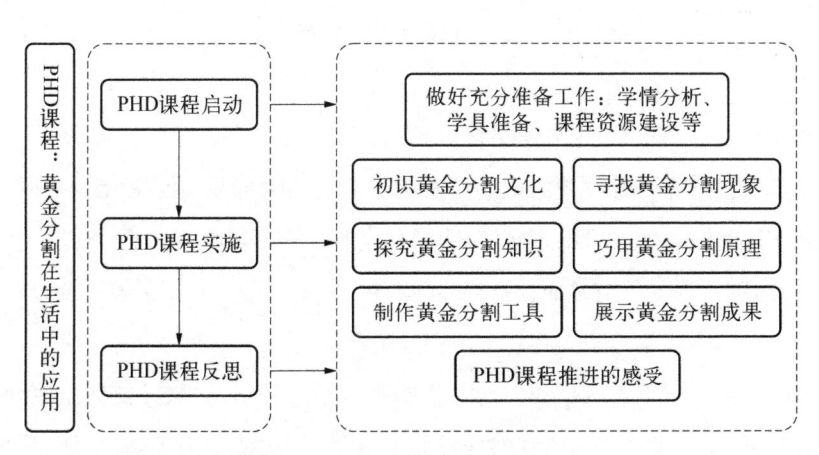

图1-2-3：PHD课程流程图

为了明确 PHD 课程的进程，保证学习科学有效开展，我们制定了详细的课程内容和时间安排(见表 1-2-5)。

表 1-2-5：PHD 课程安排表

序号	活 动 内 容	时间安排
1	了解 PHD 内容，初识黄金分割，学生分组，确定组长	1 课时
2	学生制作 PPT 介绍黄金分割，合作探究黄金比例的定义和计算方式	1 课时
3	学生制作黄金分割工具，教师展示黄金分割尺，介绍其原理	1 课时
4	寻找生活中的黄金分割，利用黄金分割尺来设计简单的图形	1 课时
5	利用黄金分割设计作品，并展示	1 课时
6	撰写研究报告或小论文，制作汇报课件	1 课时
7	进行答辩或评价	1 课时

二、PHD 课程实施

第 1 模块　初识黄金分割文化(1 课时)

课程之初，第一课时我们主要激发学生对活动的兴趣，让学生观看古希腊时期的巴台农神庙、埃及的金字塔、法国的埃菲尔铁塔等著名建筑，以及一些绘画、雕塑、摄影作品等与黄金分割有关的图片(见图 1-2-4)。了解黄金分割对人类历史的影响，课后自主寻找生活中的黄金分割。

第一步，动员和培训。初一的学生刚刚接触这一活动，教师要向学生介绍 PHD 课程，学生了解本次活动的学习目的，了解本次活动的步骤、方法、要求。教师激发学生学习的兴趣，范例引路，激发学生对活动的兴趣。

图 1-2-4：著名建筑（与黄金分割有关的图片）

第二步，成立课题组，主要针对后续的学习研究。学生根据自己的专长和喜好形成小组，各小组成立后，选定组长。教师在学生自愿成组的前提下，合理调配各组成员，以利于能力较弱的学生也可以安排到工作。师生共同制订合作学习规则，教师组织、指导学生的小组讨论、小组成员分工（见表1-2-6）。

表 1-2-6：小组成员名单

组 别	小 组 成 员				
第一组	秦梓悦	潘 婷	华启航	许钧杰	隆天豪
第二组	王启如	周朋泽	刘子杰	徐 啸	王家璇
第三组	殷梓杰	包钰杰	蔡行纯	陈燊杰	

第三步,建立黄金分割的概念。对于黄金分割概念的建立,让学生通过探索与交流、归纳与概括,用归纳的方法建立概念。

第四步,作业布置。寻找我们身边的黄金分割。让学生寻找身边的黄金分割的实例,并验证自己的猜想。用黄金分割的属性进行判别。

图1-2-5:学生初识黄金分割以及分组

第2模块　探秘黄金分割知识(1课时)

探究黄金分割中的数学原理。学生根据自己的专长,合作探究黄金比例的定义和计算方式。学生查找、阅读资料,小组分工合作,寻找黄金分割在数学史中的研究过程,研究黄金比例在不同几何图形中的体现,并通过PPT展示。三个学习小组分别派代表上台,分享小组内对黄金分割的探秘过程(见图1-2-6)。

图1-2-6:学生PPT展示对黄金分割的探秘过程

学生以小组为单位展示成果,分享交流。三个小组都进行了非常精彩的发言,第一小组给出了黄金分割在生活中各个方面的实际应用,资料的收集主要来源于网上。第二小组的发言较为精彩,不仅给出了黄金分割在数学和生活中的应用,而且推导出了黄金分割的计算公式,展现了超前的数学思维。第三小组,主要是结合了自己的思考,给出了黄金分割在实际生活,比如股票等市场上的应用,具有较强的实际意义。最后,教师和学生共同总结,评选出最优小组,第二组的发言获得大家的一致好评。本课时的最后,教师留下一个新的思考:是否有一个工具可以像刻度尺测量长度一样,直接测量出黄金分割点?教师指导学生资料收集方向,提供查找途径。

第3模块　制作黄金分割工具(1课时)

学生课前了解黄金比例分割尺的数学原理,查阅有关的数学知识,利用各种材料设计出相应工具。教师展示黄金分割尺,并揭示数学原理。师生共同制作黄金分割工具:黄金分割尺。通过黄金分割测量尺的制作,进一步了解一条线段上黄金分割点的确定方法,感受在三角形中平行线等分线段成比例的应用,感受菱形的特征以及四边形的不稳定性对于图形运动的作用。

实验准备:美工刀,木条,螺钉,螺丝刀,直尺,圆规,计算器,铅笔。

实验内容与步骤:在黄金分割的学习中,我们通过测量与计算,发现生活中很多地方隐藏着0.618这一黄金比例。现在,我们要制作一把测量尺,用这把尺检测到生活中的确有很多地方蕴含着这个比例,这把尺没有刻度,无需读数与计算即可发现身边的动植物生长、产品设计中有无黄金比例的存在。

取两根木条AB、CD,分别找到它的一个黄金分割点E、F(如图1-2-7)。

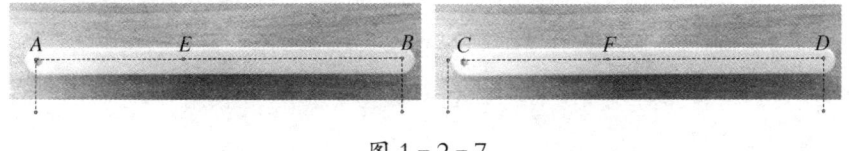

图1-2-7

30　　像博士一样探究

思考：怎样通过测量木条长度找到黄金分割点？如果要更加准确地找到黄金分割点应该怎样操作？用螺钉固定两根木条的端点 A、C（如图 1-2-8）。

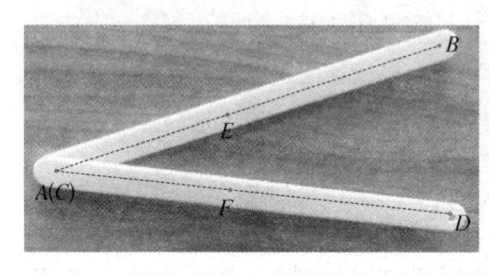

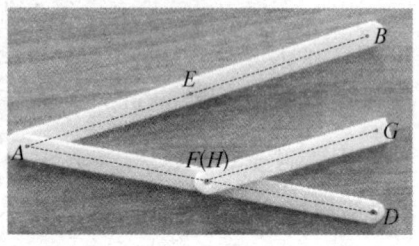

图 1-2-8　　　　　　　　　图 1-2-9

思考：用螺钉固定以后的木条可以怎样运动？运动的特征是什么？

取一根与 FD 相等长度的木条 HG，用螺钉固定端点 $F(H)$（如图 1-2-9）。取一根与 AF、AE 相等长度的木条 MN，用螺丝固定端点 $E(M)$，另一端点 N 落在线段 FG 上的点 P 处，使得 $EP=FP$（如图 1-2-10）。

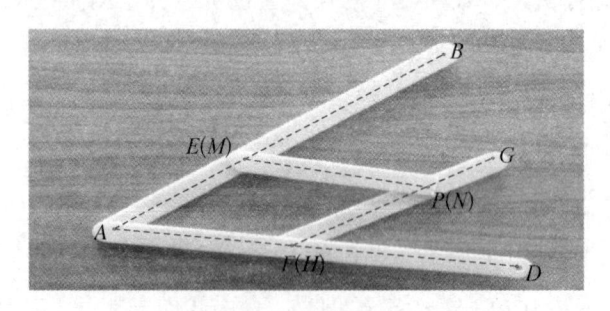

图 1-2-10

思考：四边形 $AFPE$ 构成了一个什么图形？在木条 AB、AD 内部加上两根木条以后，木条 AB、AD 是否还能绕着点 A 转动？线段 FG 与 AB 有什么位置关系？在 $\angle BAD$ 张开与闭合的过程中，点 G 能否一直在直线 BD 上？

几何画板演示简化以后的测量尺，观察 AD 在绕着 AB 旋转过程中，点 G 的变化，以及线段 BG 与 GD 的比例关系（如图 1-2-11）。用已有的数学知识说明其工作原理。

图 1-2-11

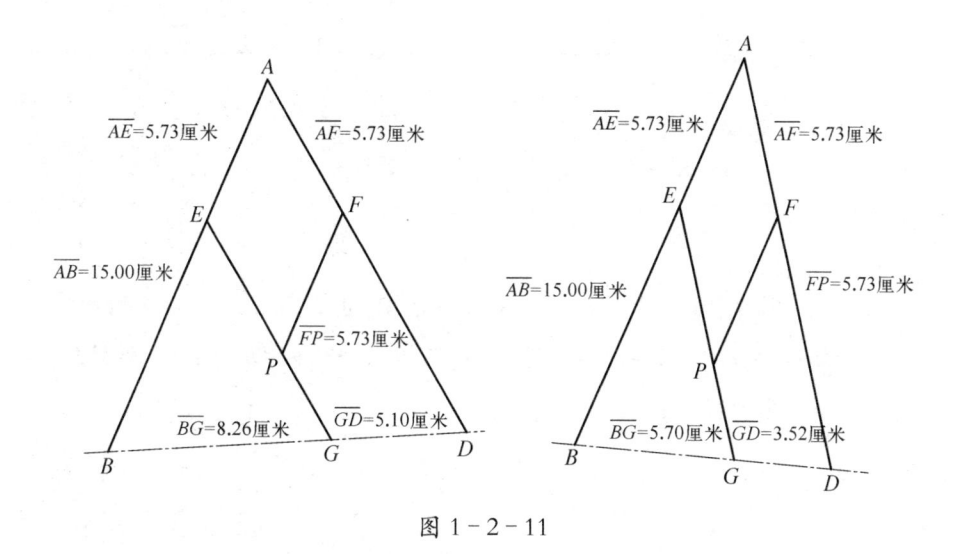

为了更加精确地制作实验中的黄金分割测量尺,在实验过程中有哪些环节可以进行改进与优化?图 1-2-11 是用钢化玻璃制作的黄金分割测量尺。比较你的制作与该设计的异同。

第 4 模块 寻找黄金分割现象(1 课时)

用数学的眼光观察生活中的黄金分割之美。利用黄金分割尺来设计简单的图形,运用黄金分割测量尺检验生活中处处可见的黄金比例。

(1) 动手操作黄金矩形:宽与长的比是 $\frac{\sqrt{5}-1}{2}$(约为 0.618)的矩形叫做黄金矩形,黄金矩形给我们以协调、匀称的美感,世界各国许多著名的建筑,为取得最佳的视觉效果,都采用了黄金矩形的设计。下面,我们用宽为 2 厘米的矩形纸片折叠黄金矩形。(提示:$MN=2$)

第一步,在矩形纸片一端,利用图 1-2-12 的方法折出一个正方形,然后把纸片展平。第二步,如图 1-2-13,把这个正方形折成两个相等的矩形,再把纸片展平。

图 1-2-12　　　　　　　　图 1-2-13

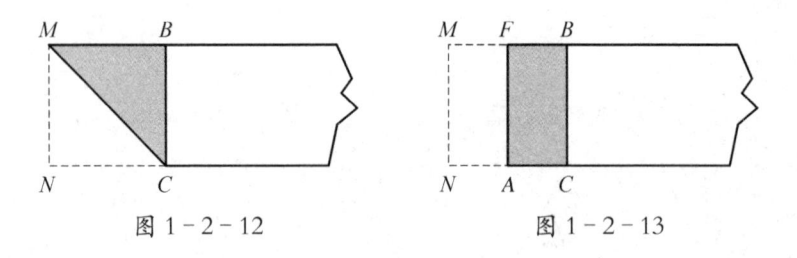

第三步,折出内侧矩形的对角线 AB,并把 AB 折到图 1-2-14 中所示的 AD 处。第四步,展平纸片,按照所得的点 D 折出 DE,使 DE⊥ND,则图 1-2-15 中就会出现黄金矩形。

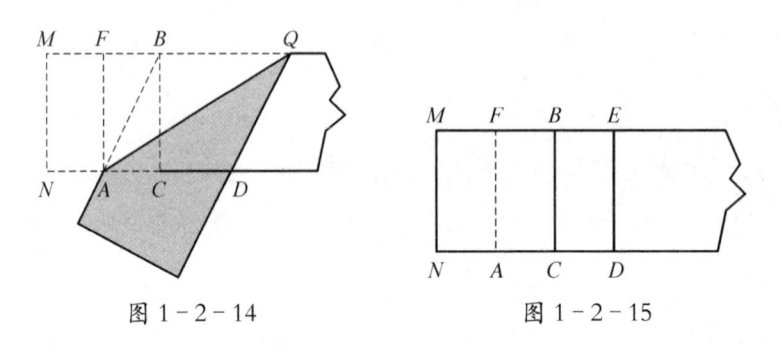

图 1-2-14　　　　　　　　图 1-2-15

(2) 动手画出黄金三角形:底边与腰之比为黄金比值(约为 0.618)的等腰三角形叫做黄金三角形。第一步,作顶角为 36°的等腰△ABC,量出底 BC 与腰 AB 的长度,计算:BC 与 AB 的比值。第二步,作∠B 的平分线,交 AC 于点 D,量出 CD 的长度,再计算:CD 与 BC 的比值(精确到 0.001)。通过操作,学生发现,比值都约为 0.618,所以△ABC,△BCD 都是黄金三角形。再作∠C 的平分线,交 BD 于 E,△CDE 也是黄金三角形(见图 1-2-16)。

正五边形 ABCDE 的 5 条边相等,5 个内角也相等(见图 1-2-17)。找找看,图中是否有黄金三角形?生活中有哪些黄金分割的现象或例子?怎么验证黄金分割比呢?你能利用黄金分割的原理设计作品吗?请各位小组成员课下思考,讨论,下节课我们继续探讨。

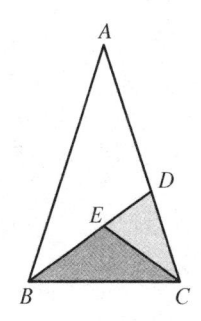

图 1-2-16：黄金三角形　　图 1-2-17：正五边形

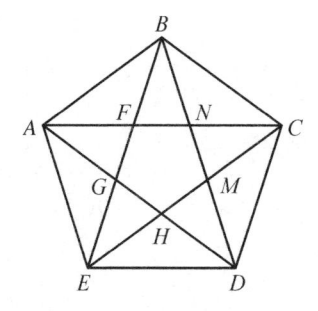

第 5 模块　巧用黄金分割原理（1 课时）

学习了丰富的理论知识，以及黄金分割工具的制作，学生的知识储备充足，动手能力增强。三个小组根据研究主题上网搜集查阅有关黄金分割应用于设计的资料，寻找身边的黄金分割的实例，并验证自己的猜想。用黄金分割的属性进行判别，并自己动手进行作品设计，如茶杯、相框、绘画等（见图 1-2-18）。

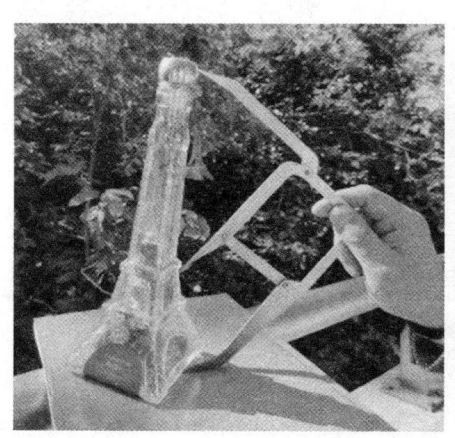

图 1-2-18：学生设计的黄金分割作品

如何确定一条线段的黄金分割比呢？有的学生利用自己制作的黄金分割尺，测量出黄金分割点。有的学生直接通过黄金分割的比值来计算。教师向学

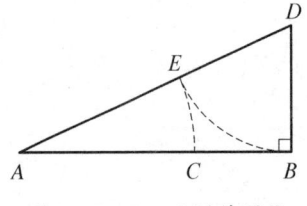

图 1-2-19：尺规作图找线段 AB 的黄金分割点

生介绍，如何通过尺规作图找出一条线段 AB 的黄金分割点(见图 1-2-19)。经过点 B 作 $BD \perp AB$，使 $BD = \frac{1}{2}AB$。连接 AD，在 AD 上截取 $DE = DB$。在 AB 上截取 $AC = AE$，点 C 是线段 AB 的黄金分割点。

第6模块　展示黄金分割成果(2课时)

在 PHD 课程学习的过程中，每个小组，每位成员都有不同的收获和体验。在 PHD 课程的最后阶段，教师给学生一个展示的舞台，展示个人作品、论文、心得体会(见图 1-2-20)。

三个小组分别进行 PPT 汇报，教师给小组评价打分(见图 1-2-21)。

之后，再进行个人答辩，学生先说说自己在小组内的工作内容，总结收获与不足，然后教师提问，学生答辩，教师给学生个人打分。

片段：学生个人答辩

生：大家好，我是来自初一9班的王启如。通过这7节黄金分割选修课程的学习，我从理论走到了黄金分割的实践当中。一开始，我只知道黄金分割是什么，通过本次学习，我了解了它的理论，而且进一步把理论转化成了实践。如何根据我们学过的知识去制作一把黄金分割尺，在制作的过程中，我先是在纸上画出它的一个模型，然后根据模型，把它制作出来。从这一步步的实践，让我更深入地了解了黄金分割。黄金分割在生活中的应用，我也了解了很多，比如说，一些古建筑，一些绘画作品和摄影作品。让我感触最深的是我身边的黄金分割，我学过的乐器二胡，二胡的千斤放在黄金分割的位置，拉出来的声音是最动听悦耳的。让我也明白了黄金分割在生活中的应用非常广泛。

师：你在小组合作期间，做了哪些工作？为小组做了哪些贡献？

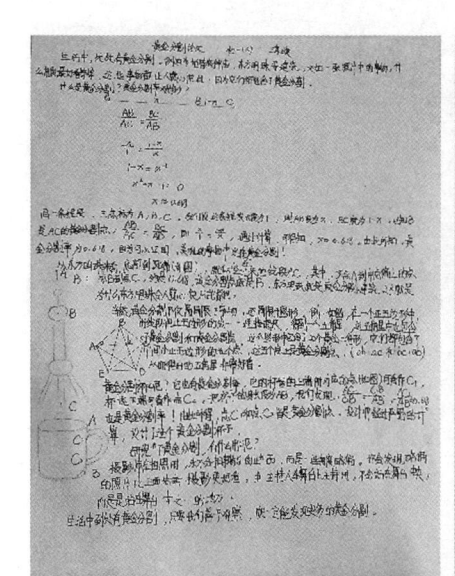

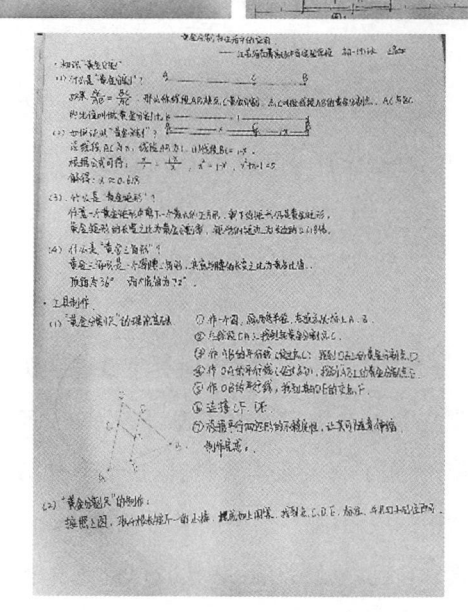

图 1-2-20：学生小论文展示

图 1-2-21：小组 PPT 汇报

生：初识黄金分割的一个 PPT，并上台展示，另外自己制作了一把黄金分割尺。

综合小组得分与个人得分，评选出 9 名优秀学生，并授予"南菁小博士"称号，颁发奖状（见图 1-2-22）。

本环节的目的在于回顾产生知识的全过程，感悟研究数学概念的一般方法，加强学生对自己的学习过程的认知，发展认知能力。

三、PHD 课程反思

整个 PHD 课程，分为 7 个课时，按照计划有序推进。在前面几个课时，我们与学生玩转数学，学生有着非常浓厚的兴趣，积极参与，有着很多的奇思妙想，也做了很多的工作，查阅了相关数学资料，包括黄金分割的数学史，黄金分割的相关应用，在数学中的应用，在生活中的应用等等。课下小组合作，探究相关知识，课堂上积极表现自己，踊跃发言，表达自己的想法和思考，引起其他小组的思考与共鸣，真正做到了自主研究，自主学习。在他们觉得研究很透彻的时候，我们紧接着介绍了新的工具：黄金分割尺，这是他们网上也查阅不到的，

图 1-2-22：南菁小博士

引起了学生的好奇。为学生介绍了其原理,于是开始进行制作黄金分割尺,利用黄金分割尺设计相关作品。最后,撰写小论文,谈谈自己的收获与体会,与其他成员分享。最后一节课,小组制作汇报PPT,并进行个人答辩。

  PHD课程,是一种新型的课程。它不同于我们平时的课堂学习,打破了教师教、学生听的传统化模式。在此课程中,教师更多地是做一位引导者、帮助者、倾听者。课程初始,教师还不能完全适应这种全新的模式。随着PHD课程的推进,学生优秀的表现,教师逐渐适应,放心地把课堂交给学生。他们有那么多的奇思妙想,完全出乎意料。学生像博士一样学习、研究,他们的各方面能力也都得到了锻炼。本次PHD课程学习,学生的热情高涨,积极性很高,没有固定的答案,自由地思考,与小组成员交流自己的想法。萧伯纳说过:"如果你有一种思想,我有一种思想,彼此交换,我们每个人就有了两种思想,甚至多于两种思想。"学生们在自主探究的过程中收获了很多,通过交流分享,每个人都受益匪浅。黄金分割在生活中应用的实例让学生进一步体会数学与自然及人类与社会的密切关系,将进一步丰富学生的数学活动经验,促进学生观察、分析、归纳、概括的能力和审美意识的发展。

(撰稿人:刘银露,卞焕清)

第二章
项目的独立性与要素的完整性

PHD课程，其实就是一个个独立的项目。每一个PHD课程都有各自的项目任务书，项目任务书详尽地规定了研究过程中的要素、步骤和注意事项。学生根据项目任务书的指导，自行组织团队，独立进行研究。整个研究过程必须高度聚焦项目本身，同时要严格遵守研究要求，尤其是重视研究过程的完整性。这种学习方法让孩子拥有选择权，激发了他们对学习的内在动机，同时也赋予了他们责任感和独立意识。

【PHD 课程 3】 GO GREEN

表 2-1-1：PHD 课程概览

PHD 课程名称	Go Green	适用年级	七年级
PHD 课程类型	跨学科课程	PHD 课程时长	7 课时
涉及学科	英语、道德与法治、语文		
PHD 课程简介	英语作为全球使用最广泛的语言之一，已经成为国际交往和科技、文化交流的重要工具。在新一轮的课程改革中，课标指出"学习英语不仅有利于学生更好地了解世界，学习先进的科学文化知识，传播中国文化，增进他们与各国青少年的相互沟通和理解，还能为他们提供更多的接受教育和职业发展的机会。学习英语能帮助他们形成开放、包容的性格，发展跨文化交流的意识与能力，促进思维发展，形成正确的人生观、价值观和良好的人文素养。学习英语能够为学生未来参与知识创新和科技创新储备能力，也能为他们未来更好地适应世界多极化、经济全球化以及信息化奠定基础"。如何改进学生学习英语的方式、激发学生学习英语的兴趣？由此，我校学科组教师和学生共同设计出有关英语拓展课程的研究性 PHD 课程——"Go Green"学习方案。		
核心问题	本质问题	垃圾分类与资源再生的国际比较研究	
	驱动问题	校园场景中会产生哪些垃圾？垃圾分类现状如何？如何在校园不同场景中设置不同的垃圾分类宣传标语？	
PHD 课程目标	1. 知识拓展：了解垃圾分类的相关背景知识，如国内外垃圾分类标准和垃圾分类现状、垃圾分类宣传的不同形式。 2. 情感态度：知道垃圾分类的必要性和好处以及保护环境的重要性。		

续 表

PHD课程目标		3. 能力提升：在实地考察的基础上，设计出合理的校园垃圾分类方案和符合不同使用情境的英文宣传标语，锻炼理论联系实际、小组合作交流的能力。 4. 成果展示：宣传标语和垃圾桶的设计制作、PPT、手绘海报、宣传视频、研究报告、答辩会。
关键能力		通过查找、阅读资料，锻炼学生文献查找和归纳概括能力；通过进行学校实地垃圾桶设置和讨论垃圾桶设置改进方案，提高学生实践能力；通过制作垃圾桶、宣传标语、拍摄宣传视频等锻炼学生动手能力。
PHD课程成果	产品形式	垃圾分类知识PPT、宣传视频、手绘海报、校园分类垃圾桶和宣传标语、英语垃圾分类小论文、答辩会
	展示方式	垃圾分类知识介绍、小论文写作、课堂辩论
学习评价	过程评价	根据学生在PHD课程中能否找到相关垃圾分类的背景知识并完成对问题的探究，是否积极参与PHD课程学习、制定PHD课程实施的计划并按时完成，是否与小组成员相互协作等方面，制定评价量表，由自评、小组评、师评三方共同完成评价。
	结果评价	宣传标语与具体情境的关联和效果；研究报告的撰写是否贴合主题且有自己的见解；答辩会是否有自己的独到见解。
PHD课程资源		1. 网络资源和相关文献资料的查阅。 2. 指导教师对PHD课程实施过程中理论加实践的指导。

一、PHD 课程启动

（一）背景分析

英语课程具有工具性和人文性的双重性质。将课堂中所学习的英语知识转化为实践，运用在真实的校园场景中，与当下热门的垃圾分类话题相结合，不仅有利于进一步培养学生对英语学习的兴趣,也可以培养学生的研究能力和创造性,增强跨文化意识和爱护保护环境意识。本文将从英语学科出发,进行 PHD 课程的研究。

(二) 学情分析

七年级的学生具备一定的英语实际运用能力,也具备很强的好奇心和探索精神。垃圾分类是和他们息息相关的一个话题,也是近几年非常热门的话题,不少学生会对此产生兴趣。把英语知识运用到熟悉的校园中并和环保相联系,不仅可以锻炼学生的英语综合运用能力,也能培养环保意识、提升创新能力。

(三) 整体设计

为了推动 PHD 课程学习有序进行,使学生的学习更具目标性,我们制定了整个 PHD 课程推进的流程图,让 PHD 课程实施过程清晰有序(见图 2-1-1)。

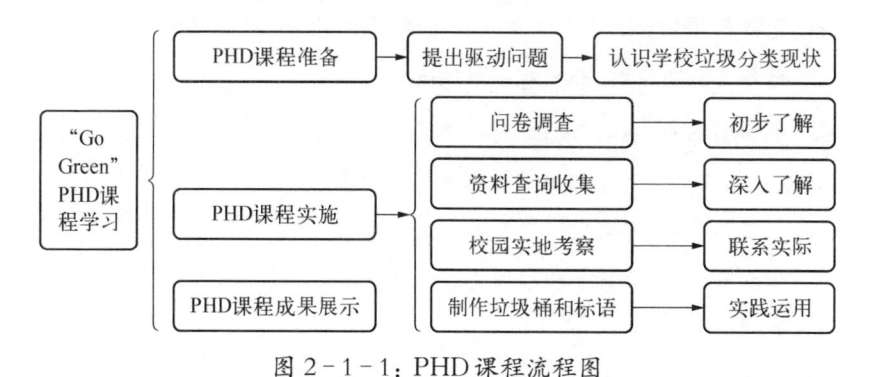

图 2-1-1:PHD 课程流程图

(四) 学习工具设计及其评价

1. 设计学习工具

在 PHD 课程学习活动中,如何指导学生参与 PHD 课程活动、实时给予学生帮助是非常重要的。因此,我们根据不同课时的学习目标设计了 PHD 课程学习单,如:第一课时主要教学目的是垃圾分类的现状调查,我们设计了问卷调查表,选取幼儿园、小学、中学、高中各两所(一所位于城区、一所位于乡镇),发放问卷进行调查,了解学生校园垃圾分类意识和现状。

问卷：校园生活垃圾分类调查问卷

Q1：性别？

A. 男　　B. 女

Q2：所在年级_____。

Q3：请问您平时扔垃圾时是否会有意识地将垃圾进行分类？

A. 有较强的分类意识，对垃圾细致地分类

B. 有意识，但因种种原因而只是部分分类

C. 有意识，但未进行垃圾分类

D. 意识不强或无意识，未进行分类

Q4：不进行垃圾分类的原因是_____。（多选）

A. 觉得垃圾分类太麻烦，很难坚持下去

B. 觉得就算分类最后也混在一起处理，无意义

C. 无相关配套设施，如只有一个垃圾桶

D. 周围的人都未进行分类，随波逐流

Q5：请问您平时产生的生活垃圾主要有哪些？（多选）

A. 废弃纸张，杂志之类

B. 食物类（水果皮等食物垃圾）

C. 瓶罐

D. 危险废弃物（电池、旧手机等）

E. 废弃塑料

F. 其他_____

Q6：请问您身边的朋友平时扔垃圾时是否会将垃圾进行分类？

A. 对垃圾进行细致的分类

B. 对垃圾进行部分分类

C. 只将极少部分进行分类

D. 将各类垃圾混为一体，不分类

Q7：请问您了解可回收与不可回收垃圾各包含哪些门类吗？

A. 非常了解

B. 一般了解

C. 基本不了解

D. 完全不了解

Q8：以下哪一种垃圾分类方式您比较容易接受？

A. 有机垃圾与无机垃圾

B. 可回收垃圾与不可回收垃圾

C. 纸质类,瓶子,电器,瓜果等有机废弃物

D. 可降解垃圾与不可降解垃圾

Q9：如果您的朋友都开始对自己的生活垃圾进行分类,您会怎么样？

A. 加入朋友的"垃圾分类"行列

B. 装作不知道,依然不分类

Q10：您认为垃圾分类方式对环境和垃圾回收利用率是否有影响？

A. 有重要影响,会致使垃圾回收利用率低,加重环境污染

B. 有一定影响

C. 基本无影响

D. 不清楚

Q11：您认为目前垃圾回收和利用效率低下的主要原因有哪些？（多选）

A. 个人垃圾分类意识不强,未进行系统分类

B. 国家以及政府无相关引导政策

C. 学校缺乏相关教育

Q12：您认为学校对垃圾分类应采取哪些行动？（多选）

A. 设置更多的垃圾分类箱

B. 对学生组织更多的相关教育工作

C. 组织教职工进行定期培训

D. 更多地举办相关的公益活动

Q13：如果校园进行垃圾分类活动,您会支持吗?

A. 支持,有利于节约资源

B. 不支持,太麻烦了

Q14：您认为目前校园垃圾分类工作存在什么问题？有什么建议?

2. 检核学习过程和成果

学生完成 PHD 课程学习的过程中,教师对学生的完成情况,要给予合理的评价,才能促使学生更积极、有目标地去完成 PHD 课程活动。在 PHD 课程学习完成过程中和后,我们设计了学习过程评价量表和学习结果评价量表作为学生 PHD 课程过程和完成的考核(见表2-1-2、表2-1-3)。

表2-1-2：学习过程评价量表

评价维度	一级(20分)	二级(10分)	三级(5分)	自评	互评	教师评价	均分
参与程度	积极完成各项作业及讨论活动,主动分担任务,在班级中积极交流、发言。	按时完成各项作业,在班级中较积极发言。	完成作业不积极,分担任务不主动,不积极交流。				
合作情况	积极参与小组讨论,小组成员有效地完成自己的任务,小组成员通过讨论的方式共享他人的观点和想法,发言积极、内容充实。	能够参与小组活动,任务基本明确,但成员间没有很好地完成任务,能围绕一个问题进行讨论。	任务仅由某一个人承担,成员之间很少进行交流,部分学生对于交流不感兴趣,小组成员之间并没有明确分工。				

续　表

评价维度	一级(20分)	二级(10分)	三级(5分)	自评	互评	教师评价	均分
学习情况	独立思考,自主学习,主动发现问题,提出问题,寻求解决问题的方法。	能思考,但不会自主学习,能和其他同学合作发现问题,提出问题。	不会思考,不爱学习,不会发现问题,更不会提出问题。				

表 2-1-3：学习结果评价量表

评价内容	学生自评	小组评价	教师评价	综合评价
掌握知识的程度				
掌握技能的程度				
解决问题方案的有效性				
解决问题方案的实用性				
解决问题方案的独特性				
学习成果的有效性				
学习成果的实用性				
学习成果的独特性				

二、PHD 课程实施

通过前期的 PHD 课程设想以及 PHD 课程学习工具的设计及完善,我们拟在初一上学期选修课上推进此 PHD 课程。首先通过学校的选修课平台由学生自主选课自愿参与到 PHD 课程中来，然后教师指导学生讨论 PHD 课程的研究、推进流程，根据参与的人数实行分组，分步骤有序地推进 PHD 课程的进展。

(一) 文献检索与问卷调查

（1）发放问卷调查校园生活垃圾分类现状。

（2）通过查阅文献、观看视频等方式了解国内外垃圾分类现状、垃圾分类方式，并着重学习垃圾分类先进地区和国家的做法。

(二) 分享交流和垃圾分类小游戏

学生借助文献调查、视频学习和问卷调查收集到的资料分小组制作 PPT，每个小组选择一个国内的城市或国外的国家介绍其垃圾分类优秀做法，并借此谈谈自己的感想。小组内讨论评比，选出本组优秀的 PPT，组间交流。通过分享交流，学生对 PHD 课程的目的有了初步的了解，对本课程的学习内容也有了更深的理解，小组合作的形式锻炼了学生合作能力和动手能力。垃圾分类小游戏在调动学生学习积极性的同时可以更好地帮助他们把前阶段学习的文献知识转化为实际能力（见图 2-1-2）。

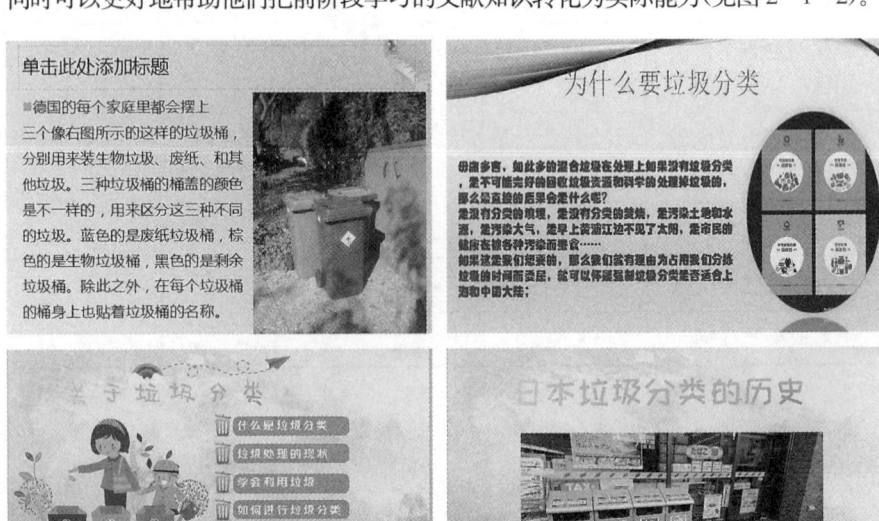

图 2-1-2：学生 PPT 成果展示截图及课堂垃圾分类小游戏

(三) 校园实地考察

为了让学生更好地了解学校垃圾桶设置现状和垃圾分类现状，我们安排学生带着调查表（见表 2-1-4）参观校园，记录校园垃圾桶设置的位置、设置的形式以及垃圾投放情况，并思考如何进行改善。

表 2-1-4：校园垃圾桶调查表

垃圾桶位置	垃圾种类	分类情况

这样做可以使学生理论联系实际，运用前两个阶段积累到的国内外垃圾分类典型案例和垃圾分类调查问卷的成果，结合校园实际情况，为改善校园垃圾分类现状做出实际贡献。

学生小组讨论如何改进校园垃圾桶的位置、设置的形式，以下是讨论片段：

师：就我们的实地调查来看，校园垃圾桶内的垃圾主要有哪些？

生：有牛奶盒、矿泉水瓶，都是属于可回收垃圾。

生：有很多废纸，也是属于可回收垃圾。

生：主要有餐巾纸，属于其他垃圾。

生：有塑料袋，也是属于其他垃圾。

生：同时也有电池，属于有害垃圾，但是数量很少。

师：大家观察得很仔细，那么学校垃圾桶只设置了可回收垃圾和其他垃圾分类，这样合理吗？

生：基本上能满足日常垃圾分类了，但是针对"有害垃圾"却没有设置额外的垃圾桶。

生：垃圾桶的摆放位置也可以更科学一些，例如操场上只有一个小小的垃圾桶，不能满足学生上完体育课后的需求。

生：每天学生们投放垃圾最多的地方还是教室里，但是两个垃圾桶似乎不能满足全班同学的需求，每天的垃圾桶都是满满的。

师：大家都能结合校园实际情况，给出合理的建议，那么就开始行动起来，为设计自己的垃圾桶，做一张设计草图吧。

(四) 垃圾桶制作和英文宣传标语设计

在前三个阶段的基础上，根据校园实地考察结果，小组讨论垃圾桶设置优化方案和不同地点的英文宣传标语，并进行设计制作。

课前组长交待各自成员自行准备好需要制作垃圾桶的工具：设计稿草图、美工刀、马克笔、胶带、可回收牛奶纸箱、装饰带等，以确保制作的过程全员参与。

在这个阶段，学生已经具备了初步的垃圾分类知识，了解到国内外优秀的垃圾分类做法，也对学校垃圾分类现状有了清楚的认识，制作垃圾桶和英文宣传标语可以帮助他们将学到的知识应用到生活实际中，提高了他们的学习兴趣和获得感，也锻炼了英语综合运用能力（见图 2-1-3）。

图 2-1-3：学生现场制作垃圾桶过程

以下是部分英语宣传标语设计：

S1：Take care of the grass. It is the messenger of spring.
S2：Let our school be full of green，let our heart be full of hope.

S3: Water is the source of life, and trees are the root of life.

S4: Give me a piece of green and I will give you a shade.

(五) 英文宣传视频拍摄

在完成垃圾桶制作和英文宣传标语设计的基础上，拍摄英文宣传视频。各组长先介绍本组的视频主题及分工情况，然后各成员分别阐述自己的活动情况。视频主要介绍垃圾桶的制作理念和分类方法，并提出PHD课程理念"Go Green"的内涵，也对政府、社会、孩子分别提出了可行的"Go Green"的建议。该宣传视频的制作不仅帮助宣传校园垃圾分类的理念，也帮助学生提升英语表达能力（见图2-1-4）。

图2-1-4：学生展示

各小组学生也纷纷写下演讲稿，以下是视频片段：

S1: What do you think of when you see the word "green"?

S2: Peace, calm.

S3: Protect the environment.

S1: Green hills and clean water.

S1: But as a student, how can we go green in our daily life?

S2: We can use both sides of the paper.

S3: We can take a shower for less than ten minutes.

S1: We can draw some posters to ask more people to do "garbage sorting".

S2: We can't leave the tap running when brushing our teeth.

S3: We can't drop litter everywhere.

S1: We can't pick flowers in the garden.

(六) 宣传海报设计

设计垃圾分类宣传海报,可以和前几阶段的成果共同应用于校园垃圾分类宣传中,培养学生小组合作能力和动手能力(见图2-1-5)。

图2-1-5:部分学生海报设计图

(七) 答辩与评价

学生围绕"垃圾分类与资源再生的国际比较研究"进行论文写作,通过文献搜索积累相关理论知识，结合前期校园垃圾分类考察和小组合作活动中积累的经验和知识，在教师的指导下进行小论文写作。论文成果在课堂上进行展示和答辩。

参照评价量表，让学生对自己的PHD课程参与过程和结果进行自我评价，然后是同伴评价，最后教师评价总结。

通过本次活动，同学们更深层次地理解了"Go Green"的内涵，自己能够根据校园实际制定研究方案，从多种渠道获取解决问题的方法，还学会了运用不同形式，从不同角度呼吁更多的同学加入我们的环境保护行列。学生们在自主探究的过程中收获了很多，通过交流分享，每个人都受益匪浅。我们给积极主动参与，像"小博士"一样思考研究的同学们授予了"南菁小博士"称号（见图2-1-6）。

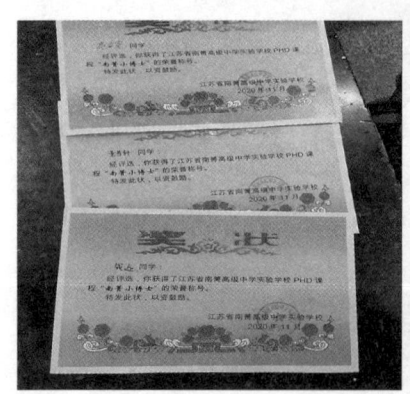

图2-1-6：南菁小博士

三、PHD课程反思

PHD课程学习结合英语学科特点，贴近学生生活。在PHD课程实施过程中，学生可以了解到各个国家垃圾分类的现状和做法，拓宽视野，促进跨文化意识的培养。为学校不同的场景设置合适的英语宣传标语可以锻炼学生的创造能力、英语运用能力,培养学生爱护校园、保护环境的意识,拓展学生国际视野和思维方式,开展跨文化交流。

PHD课程过程评价促成长,学生学习有动力。在PHD课程实施过程中和实施后,我们注重对学生学习过程和结果进行评价,通过学生自评、小组互评和教师评价客观地评价学生的表现,也可以通过这种方式激发学生积极参与PHD课程的热情,挖掘潜力。最后的答辩环节需要小组协作制作PPT进行答辩,通过对比中国与其他发达国家之间的差距,既培养了学生的团队协作能力,又让学生创造性地表达了自己的观点,培养了学生具备多元思维的意识和创新思维的能力。学习能力的培养有助于学生做好课程学习的自我管理,养成良好的学习习惯,多渠道获取学习资源,自主、高效地开展学习。

在PHD课程实施过程中,我们发现学生来自于不同的班级,英语水平参差不齐。我们更为关注英语水平偏低的学生的学习状态,学生在课程学习中遇到困难时,小组成员群策群力,组长协调组织,我们给予指导性的意见。小组合作进行汇报或视频拍摄时,课程初期羞于用英语表达的学生,也能在教师的引导下大胆自信地表达并且提问,在这个过程中我们看到了学生的成长。

(撰稿人:徐骊君,郭小姣)

【PHD 课程 4】 垃圾分类为什么如此难

表 2-2-1：PHD 课程概览

PHD 课程名称	垃圾分类为什么如此难	适用年级	七年级
类型	跨学科课程	课时安排	7 课时
涉及学科	地理、语文、道德与法治		
PHD 课程简介	地理是一门兼有自然学科和社会学科性质的基础课程。《地理教育国际宪章》指出："深信地理教育为今日和未来世界培养活跃而又负责任的公民所必需；意识到地理在各个不同级别的教育中都可以成为有活力、有作用、有兴趣的科目，并有助于终生欣赏和认识这个世界。"作为义务教育的初中地理教育应该不辱使命，应该使学生能感受到地理学科的魅力和价值，从而激发学生热爱地理、探究地理知识的浓厚兴趣。在新一轮的课程改革中，课标指出"地理课程改革应有利于学生学习方式的转变，倡导学生积极主动地参与教学过程，勇于提出问题，学习分析问题和解决问题的方法，改变学生死记硬背和被动接受知识的学习方式；地理课程改革应有利于教师教学方式的转变，树立以学生为主体的教学观念，鼓励教师创造性地探索新的教学途径，改进教学方法和教学手段，组织丰富多彩的教学实践活动，从而激发学生的学习兴趣；地理课程改革应有利于建立促进学生全面发展、激励教师积极进取的评价机制，地理教学评价应以学生综合素质为目标，采用灵活多样的评价方法，注重学生学习过程和学习结果的全程评价，充分发挥地理教学评价的教育功能"。如何改进学生学习地理的方式、激发学生学习地理的兴趣，从而更好地为学生的终生发展服务，值得思考。 　　我国正式开展垃圾分类已经二十多年。目前，我国正在经历新一轮垃圾分类，但垃圾分类的推广和实施难度很大，垃圾分类向高质量发展路途还很遥远，由此，我校学科组教师和学生共同设计出有关地理拓展课程的研究性 PHD 课程——"垃圾分类为什么如此难"学习方案，旨在树立学生正确的资源和环境观念。		

续 表

核心问题	本质问题	资源短缺与环境污染是当今世界发展所面临的两个共同的问题,让学生研究"垃圾分类为什么如此难",旨在让学生认识到资源与环境利用的现状,并参与到问题的研究与解决中,树立学生的地球主人公意识。
	驱动问题	1. 如何定义"垃圾"及"垃圾分类"？垃圾要不要分类？ 2. 目前,我国垃圾分类的推广和实施为什么这么难？ 3. 日本垃圾分类的经验有哪些？结合我国国情,探究垃圾分类的有效推进措施有哪些。
PHD课程目标		1. 通过查阅资料,知道垃圾及垃圾分类的概念,了解我国垃圾分类从提出到实施的过程、进展及现状,研究垃圾分类比较先进的国家(如日本)关于垃圾分类比较成熟和先进的做法。 2. 通过设计PHD课程研究流程、网络收集相关资料,在借鉴的基础上形成自己解决问题的思路和方法,提高自主学习、合作学习及解决问题的能力;通过辩论和展示,提高语言表达能力、逻辑思维能力和团结合作能力等;通过撰写相关论文,提高论文写作能力。 3. 了解我国垃圾分类实施的必要性和垃圾分类的现状,形成正确的资源和环境观。
关键能力		1. 通过社区调查等方法,提高学生的地理实践能力。 2. 通过分析总结目前我国垃圾分类进展困难的原因,提出相应的解决措施,提高学生解决问题的综合思维能力。
PHD课程成果	产品形式	垃圾分类画报、垃圾分类PPT、地理小论文
	展示方式	辩论赛、科普知识介绍、论文交流与汇报演讲
学习评价	过程评价	我国垃圾分类现状社区问卷调查评价 辩论赛评价 科普知识介绍评价 垃圾分类画报评价 垃圾分类PPT评价
	结果评价	地理小论文＋汇报交流评价

一、PHD 课程启动

(一) 背景分析

资源与环境是人类发展的重要基础和条件，亦是地理学科的重要研究方向。在新的发展时期，我国的资源短缺与环境问题日趋严重。实施垃圾分类是解决我国资源和环境问题的一个重要举措。我国正式开展垃圾分类已经二十多年，目前，我国正在经历新一轮垃圾分类，但垃圾分类的推广和实施难度很大，垃圾分类向高质量发展路途还很遥远，由此，我校学科组教师和学生共同设计出有关地理拓展课程的研究性学习 PHD 课程——"垃圾分类为什么如此难"，旨在树立学生正确的资源和环境以及可持续发展的观念。

(二) 学情分析

七年级学生刚刚接触地理学科，对新学科充满好奇，也有强烈的学习参与意识，现代社会也要求公民能够科学、充分地认识人口、资源、环境和社会等相互协调发展的重要性，树立可持续发展观念，不断探索和遵循科学、文明的生产方式和生活方式。初中地理课程也要求学生能从地理的视角认识和欣赏我们所生存的这个世界，从而提升生活品位和精神体验层次，增进学生对地理环境的理解力和适应能力；有助于学生形成正确的情感态度与价值观和良好的行为习惯，培养学生应对人口、资源、环境与发展问题的初步能力。综上所述，通过 PHD 课程学习，能够让学生用地理的视角看待、分析身边的事件和事物，发挥他们积极参与的主动性，形成正确的资源环境观。

（三）整体设计

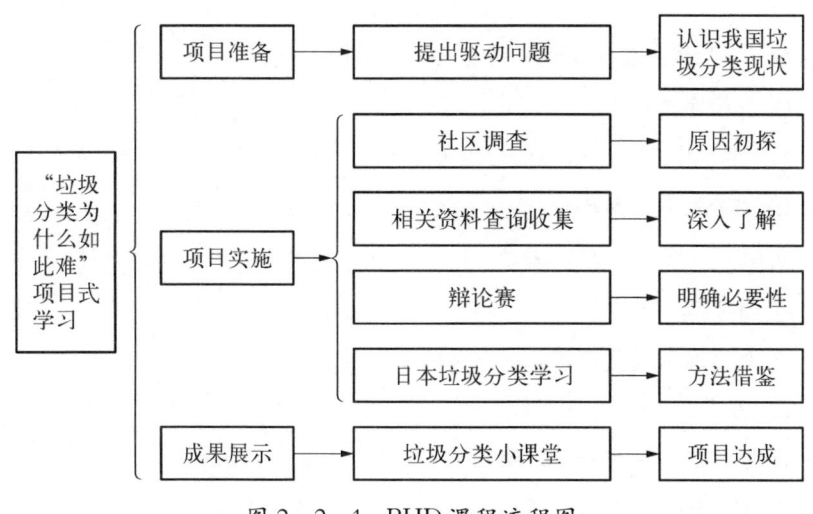

图 2-2-1：PHD课程流程图

（四）学习工具设计及其评价

1. 设计学习工具

面向初一学生的PHD课程学习活动，指导学生参与PHD课程活动，并实时给予学生帮助是非常重要的。因此，我们在第一课时指导学生进行PHD课程研究过程的讨论，形成研究过程，并在根据过程设置的不同课时中设计了PHD课程学习单。第一课时，进行PHD课程介绍与分组安排、活动要求等任务布置。第二课时，要求学生提前查阅资料了解何为"垃圾"及"垃圾分类"，并进行PPT汇报。第三课时，网络查阅资料了解我国垃圾分类提出到实施的过程；指导学生制作课前的社会调查表，总结垃圾分类难的原因。第四课时，查阅资料了解世界垃圾分类走在前列的，诸如日本、德国等国家比较成熟的做法。第五课时，通过分小组合作，借鉴发达国家有效经验，结合我国实际情况，探究垃圾分类的有效推进方法和措施。第六课时，进行辩论：垃圾分类——要还是不要？第七课时，形成研究报告《我国实施垃圾分类的有效推进措施和步骤》，并进行 PHD 课程总结与反思。

附一：垃圾分类现状调查问卷

① 您的年龄？

A. 18 岁以下　　B. 18—30 岁　　C. 30—60 岁　　D. 60 岁以上

② 您受教育的程度？

A. 小学　　　　B. 初中　　　　C. 高中　　　　D. 专科

E. 本科及以上

③ 处理垃圾时您有将垃圾分类的习惯吗？

A. 经常　　　　B. 偶尔　　　　C. 很少　　　　D. 从来没有

④ 您能否清楚分辨可回收和不可回收垃圾？

A. 能，十分清楚　　B. 有一点了解　　C. 完全不了解

⑤ 您生活的地区垃圾投放点是以什么形式安放的？

A. 分类垃圾桶　　　　　　　　B. 传统垃圾桶

C. 无垃圾桶随意堆积　　　　　D. 固定垃圾站

⑥ 您认为可能影响您没有将垃圾分类的原因有哪些？（多选题）

A. 时间匆忙　　B. 不知如何分类　　C. 没有分类的垃圾桶

D. 其他人没有分类　　　　E. 认为分不分类影响不大

F. 与自身利益无关　　　　G. 其他

⑦ 您认为垃圾桶上的分类信息对您有帮助吗？

A. 有，清晰易懂

B. 没有，看不懂，还是无法分类

C. 没有注意

⑧ 您一般会如何处理废旧电池和金属？

A. 放到指定回收处

B. 和普通垃圾一样处理

C. 随手乱扔

⑨ 您可能会对下列哪些物品进行分类处理？（多选题）

A. 废电池　　　B. 塑料　　　C. 玻璃　　　D. 纸类

E. 食物类　　　F. 金属　　　G. 其他　　　H. 从不分类

⑩ 您接受过有关垃圾分类的教育或宣传吗？

A. 有,经常在课本、电视、杂志上看到

B. 一点点,偶尔在广告上看到

C. 从来没有,不了解

⑪ 您认为最有效的宣传途径是？

A. 电视广告　　　　　　　　B. 杂志、书本宣传

C. 政府的号召和规定　　　　D. 网络媒体的宣传

E. 其他

⑫ 您认为我国的垃圾分类还存在哪些问题？（多选题）

A. 宣传力度不够　　　　　　B. 公众环保意识不强

C. 我国垃圾处理技术落后　　D. 政府没有明确的规则制度

E. 基础设施不完善　　　　　F. 公众对垃圾分类的方式还不了解

G. 其他

⑬ 如果您对垃圾分类有了一定了解,基础设施也完善后,您会参与垃圾分类的活动吗？

A. 会,非常乐意

B. 看情况,有时间会

C. 没兴趣

⑭ 您对垃圾分类还有什么好的建议吗？

_____

_____

调查结果分析：

附二：垃圾分类知识大比拼（见表2-2-2）

表2-2-2：垃圾分类知识大比拼

垃圾分类	
提出时间	
实施时间	
产生原因	
分类原则	
分类意义	
主要问题	

附三：辩论赛——垃圾分类：要，还是不要？

附四：我国垃圾分类类别及具体种类（见表2-2-3）

表2-2-3：我国垃圾分类类别及种类

垃圾分类\具体内容	可回收垃圾	有害垃圾	厨余垃圾	其他垃圾
分类标志				
具体种类				

附五：日本垃圾分类知识大比拼。

日本垃圾分类的类别有哪些？

日本垃圾分类的具体流程是什么？

日本垃圾分类以细致著称，请以具体某种垃圾的回收（如矿泉水瓶、废旧电器、电池等）加以说明。

请用图表的形式表述日本垃圾分类流程。

附六：请针对垃圾分类提出两条合理措施，并拟写一则宣传标语（标语不超过15字）。

2. 检核学习成果

学生完成PHD课程学习的过程中,对学生的完成情况,要给予合理的评价,才能促使学生更积极、有目标地去完成PHD课程活动。在PHD课程学习完成之后,我们设计了PHD课程学习评价量表作为学生PHD课程完成的考核。

(1)过程评价量表设计(反映任务完成过程中学生的参与、合作的态度,地理实践能力,综合思维能力以及逻辑思维和语言表达的能力)(见表2-2-4)。

表2-2-4:过程评价量表

评 价 内 容	学生自评	小组评价	教师评价	综合评价
PHD课程参与态度				
地理实践能力				
综合思维能力				
逻辑思维与语言表达能力				
合作精神				

(2)结果评价量表设计(反映学生知识和技能的掌握程度,也能反映学生问题解决方案或设计制作产品的有效性、实用性和独特性)(见表2-2-5)。

表2-2-5:结果评价量表

评 价 内 容	组内自评	小组间互评	教师评价	综合评价
调查问卷				
知识和技能:垃圾分类知多少				

续 表

评价内容	组内自评	小组间互评	教师评价	综合评价
辩论				
宣传策划				
实际推进				
答辩与成果展示				

(3) 课堂 PPT 汇报学生表现性评价表设计(反映学生 PHD 课程活动后个人和团队合作情况)(见表 2-2-6)。

表 2-2-6：小组课件讲解评分细则

主讲人姓名：　　　组员1姓名：　　　组员2姓名：　　　组员3姓名：

第　组	评分 PHD 课程		得　分
主讲人得分（组长）	学生对课件的熟悉程度(能否脱稿等)20分		
	课件制作(字体大小适宜、图片排版精美等)15分		
	课件内容(完整科学、主题鲜明、脉络清晰等)20分		
	观点是否明确、有无自己的观点 10 分		
	课堂互动程度 10 分		
合作程度得分（成员协作程度）	各组员是否都参与活动，介绍自己负责的部分	主讲人　10分	
		组员1　5分	
		组员2　5分	
		组员3　5分	
总　计			

第二章 项目的独立性与要素的完整性　　65

(4) 终极奖励设置(反映学生在 7 节课的课堂上和课堂外表现,给予学生奖状奖励性评价)(见图 2-2-2)。

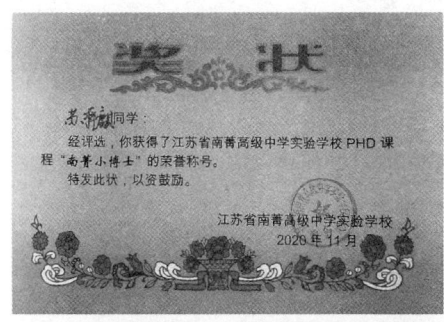

图 2-2-2：PHD 课程终极奖励

二、PHD 课程实施

通过前期的 PHD 课程设想以及 PHD 课程学习工具的设计及完善,我们拟在初一选修课上推进此 PHD 课程学习。首先通过学校的选修课平台由学生自主选课、自愿参与到 PHD 课程中来,然后教师指导学生讨论 PHD 课程的研究、推进流程,根据参与的人数实行分组,分步骤有序推进 PHD 课程的进展。

(一) 文献检索与社区调查

通过分小组查阅文献资料,了解何为垃圾,学习垃圾如何分类、垃圾如何变废为宝;我国垃圾分类的发展与实施过程;日本等发达国家垃圾分类的可取之处。调查学生家庭所在的社区的垃圾分类及处理状况。对应的成果主要是PPT课件与展示、学生社区调查展示文本资料。

(二) 辩论赛事与宣传策划

分两大组让学生查阅资料,了解日本关于垃圾分类的理念、垃圾分类的方法(如矿泉水瓶、废旧电器、电池等)、垃圾分类相关的政策法规。进行宣传策划和借鉴日本垃圾分类的先进经验,并结合江阴实际情况,各小组总结垃圾分类的有效推进方法和措施。对应的成果主要是辩论讲稿与日本垃圾分类借鉴。

(三) 小组合作与实际推进

进行小组成员合作完善相关的垃圾分类资料,制作垃圾分类的宣传画报、宣传语,形成垃圾分类小论文。对应的成果是垃圾分类宣传画报和垃圾分类宣传语。

(四) 撰写小论文与成果展示

小组成员合作完成垃圾分类小论文的撰写。对应的成果是垃圾分类小论文。

以下是学生课上展示的部分幻灯片(见图 2-2-3)。

图 2-2-3：垃圾分类项目成果展示

(五) 答辩交流与学习反思

邀请两名家长、各小组代表和教师组成答辩主席团，每小组的代表参与汇报答辩。最后教师和学生进行反思。对应的成果是反思总结材料。具体上课内容流程如下（见表 2-2-7）。

表 2-2-7：PHD 课程内容详表

课时	课上师生完成内容	课后学生完成内容
1	课程简介，人员分组，3~4 人一组，设置组长，明确各成员职责，建立通讯录。依照每组每位学生轮流作为不同环节内容展示人员，其他同学协助的原则，进行 PHD 课程的方案落实。布置课后内容，说明做 PPT 的要求；教师介绍全球垃圾状况及其危害。	学生查阅资料：何为垃圾、垃圾的分类。各组 1 人制作 PPT 汇报，其他成员协助。

续 表

课时	课上师生完成内容	课后学生完成内容
2	各组第1个代表上台用自制PPT分享垃圾定义及分类的科普知识;教师纠正总结,补充;学生评优;布置课后内容,说明完成画报的要求。	查阅资料:我国垃圾分类提出到实施的过程。各组代表制作画报,其他成员协助。
3	各组第2个代表上台分享"我国垃圾分类提出到实施的过程"知识;教师纠正总结,补充;学生评优;布置课后内容,说明完成画报的要求。	各小组就近社区完成调查问卷,调查垃圾如何分类,调查分类难的原因。各组将调查报告拍照并传给教师。各组代表制作PPT,其他成员协助。
4	各组第3个代表上台分享社区垃圾分类情况,说明调查问卷的结果。	查阅日本等国外垃圾分类资料,有哪些借鉴之处、不妥之处?各组代表制作画报,其他成员协助。
5	各组第4个代表上台分享"其他国家垃圾如何分类"知识;教师作总结。	准备辩论材料:垃圾分类要还是不要。分两大组设立正反两方写相关小论文。
6	学生辩论。师生总结垃圾分类要与不要的原因。	结合国内外情况,探索我国有效推进垃圾分类的方法和措施。
7	师生总结我国有效推进垃圾分类的方法和措施。颁发优秀学生奖状。	

三、PHD 课程反思

随着国家对垃圾分类的不断推进,包括本地学生的亲身感受,学生越来越认识到垃圾分类的必要性,但对如何进行有效的分类还是没有比较合理的想法。所以这也是这一课程实施的关键所在。教师在引导学生像博士那样一步步推进课程问题的解决时,遇到了若干的惊喜和困惑。

一些学生的课件制作精美，表达流畅，互动自然，引起学生极大的兴趣。而且在做调查时态度认真，还有家长的有力支持，说明学生真的在做研究、做课题。因此，对提高学生做学问的能力方面会有很大的帮助。但是，在课程实施过程中，更多时候是学生没有按部就班地去做。比如，合作不充分、课件制作应付、垃圾分类小报和相关论文没有按时上交或不交等等。为了确保课程顺利开展，有以下反思：

首先，第一节准备课要让学生充分认识对方，记住对方的名字，记下联系方式，为以后各组联系和合作做准备；说明制作课件、画报、拍照、调查报告等要求和注意事项，分级设置表现性评价表格。其次，课后学生分组查阅资料，并把资料共享给同组其他同学，再传一份给教师，起到监督的作用。最后，课件制作方面，有些学生做课件能力有限，这需要教师在第一节课时就把制作PPT的要求细化后给到学生，包括颜色、字体、图片和每张幻灯片不得超过100字的字数要求。

（撰稿人：孙燕，王侠）

第三章
素养的综合性与指向的全人性

PHD课程关注多学科的交叉融合,研究往往围绕一个核心目标展开,以某一学科知识和技能为主导,借助其他学科的知识和技能,有效地解决学生研究的问题,在问题探究的过程中,全面培养和训练学生的学习能力和综合素养。PHD课程在设计时着眼于学生的全面发展和终身发展,研究内容大多兼具德育和美育功能,研究方法是面向全体学生的,且能容许学生犯错,并对学生犯错过程以及改错过程予以充分关注,研究成果可以贯穿学生成长全程,注重培养学生的健全人格。

【PHD课程5】 文学意象与文化创意研究——以山茶花为例

表3-1-1：PHD课程概览

PHD课程名称	文学意象与文化创意研究——以山茶花为例		适用年级	七年级
PHD课程类型	跨学科课程		项目时长	7课时
涉及学科	语文、美术、生物			
PHD课程简介	《义务教育语文课程标准》在课程理念上，要求"建设开放而有活力的语文课程"，注重课程资源的开发与利用，在设计思路上提出"综合性学习"的概念，"以加强语文课程内部诸多方面的联系，加强与其他课程以及与生活的联系，促进学生语文素养全面协调的发展"。如何改进学生学习方式、让学生对语文材料的理解具有多元性？语文新课程所倡导的跨学科、跨领域的学习，是将语文课程与其他课程结合起来，以拓宽语文学习与运用的领域，提高学生的语文实践和综合能力。 由此，我校学科组教师和学生共同设计出有关语文跨学科的研究性项目——"山茶花的文学意象与文化创意研究"学习方案。			
核心问题	本质问题	山茶花这一文学意象对文学作品的创作有何影响？		
	驱动问题	山茶花具有怎样的自然属性？它代表了怎样的文化符号？借花表达主旨有多少种方式？		
学科目标	1. 观察山茶花的颜色形状，感受山茶花的变化之美；查找资料，了解山茶花的生物学知识。 2. 阅读和山茶花相关的诗词作品，了解山茶花这一意象，挖掘山茶花的文化意蕴。			

续表

学科目标		3. 设计山茶花的微信名片,整合山茶花的生物学知识和所具有的文化意蕴。 4. 创设情境,运用联想与想象,多角度创意写作。 5. 创作小诗,朗诵作品,感受生命的美感。 6. 撰写相关论文,提高小论文写作能力。
关键能力		1. 查阅关于山茶花的文学作品,锻炼提取信息和整合资料的能力。 2. 通过设计微信名片的方式感受山茶花具有的文化魅力,理解山茶花所代表的文化符号。 3. 将自己的生命体验与山茶花相联系,写诗诵诗,领悟生命的价值和意义,提高写作能力和审美能力。
PHD课程成果	产品形式	观察记录表、微信名片、小论文
	展示方式	诗歌朗诵、论文答辩
学习评价	过程评价	根据学生是否积极参与项目学习,制定项目实施的计划并按时完成,在项目中能否找到相关资料、微信名片设计的探究,是否与小组成员相互协作等方面,制定评价量表,由自评、小组评、师评三方共同完成评价。
	结果评价	在问题探究的过程中能否找到相关资料、微信名片设计是否新颖、是否具有文化味、小论文的写作是否围绕主题等方面进行评价。
PHD课程资源		1. 网络资源和相关文献资料的查阅。 2. 指导教师对项目实施过程中理论加实践的指导。

一、课 程 启 动

(一) 背景分析

　　语文的学习不要仅停留在书本上,要引导学生将语文与自然相联系。在信息化时代,我们还要关注学生有效检索信息的能力,整合学习资料,并提炼出自己的观点。这一研究性学习项目不仅满足了学生对知识的渴求,也通过语文实践活动激发学生的学习兴趣,提高学生学习语文的各项能力,最终提升学生的语文核心素养。跨学科统整的课程,成为学生脑海中融为一体的、没有分领域的大课程,学生的学习是一种真实发生的实然状态,也是一种学习主体积极自觉的奋进状态。

刚进入菁园的学生,对向往已久的学校充满好奇感,菁园的一草一木都会引起他们的关注,基于此,本项目以菁园图书馆前的一株山茶花为课程资源(见图3-1-1),在生物知识层面,观察花的生理结构,感受花的生物机制。在语文学习层面,阅读文学作品,了解山茶花这一文学符号所具有的内涵以及意义,感受文化的魅力,愉悦精神世界,感悟花的生命。在美术层面,则是将感受到的美通过一定的载体呈现出来,使之固态化、多样化。在这样的课堂上,学生的心理、思维、精神随着学习的推进而"摇曳多姿"。

图3-1-1:菁园图书馆前的一株山茶花

(二) 项目简介与项目管理

1. 明确任务，合理分组

第一节课，介绍本课程的目的，和学生一起讨论怎样在规定的课程时间内高效达成目标。以4～5人为一小组，组长和组员一起制定小组契约，自我介绍，根据自己的特长选择合适的任务，发挥小组的最大优势。

2. 制定评价量表，师生互激励

学生完成项目学习的过程中，对完成情况，要给予合理的评价，才能促使学生更积极、更有目标地去完成项目活动，为此制定项目学习过程评价量表（见表3-1-2）。本表从课堂参与度、小组任务完成度、学习能力提高度三个方面进行评价。为了确保评价的客观与公平，由自评、互评、师评进行综合评价。每一次课堂学习前5分钟组织评价活动，表格由班长统一保管。

表3-1-2：项目学习过程评价量表

评价维度	A(20分)	B(10分)	C(5分)	自评	互评	师评	得分
参与程度	积极参与讨论活动，主动分担任务，积极交流、发言。	按时完成各项作业。	完成作业不积极，分担任务不主动，不积极交流。				
合作情况	积极参与小组讨论，小组成员有效地完成自己的任务，小组成员通过讨论的方式共享他人的观点和想法，发言积极，内容充实。	能够参与小组活动，任务基本明确，但成员间没有很好地完成任务，能围绕一个问题进行讨论。	任务仅由某一个人承担，成员之间很少进行交流，部分学生对于交流不感兴趣，小组成员之间并没有明确分工。				

续　表

评价维度	A(20分)	B(10分)	C(5分)	自评	互评	师评	得分
学习情况	独立思考，自主学习，主动发现问题，提出问题，寻求解决问题的方法。	能思考，但不会自主学习。	不会思考，不爱学习，不会发现问题，更不会提出问题。				
小计							

学生在对山茶花进行实地观察后，再查阅相关资料，从而对山茶花的生物学知识有所了解。查阅和山茶花有关的诗词作品，赏析诗词，探究山茶花对诗歌情感表达的作用，理解山茶花这一文化符号的意蕴。并通过绘制微信名片的方式传达对这一文化符号的理解。学生参照微信名片制作评价表（见表3-1-3)，小组成员相互评价。

表3-1-3：微信名片制作评价表

评分项目	评价等级		
	A(20分)	B(10分)	C(5分)
微信名片内容丰富			
自我介绍全面			
头像具有美感			
个性签名具有创意			
版面设计美观			
小　计			

听说读写是语文学习的能力,并且这 4 个能力相互渗透,不可割裂。在进行以"山茶花"为话题的一系列创意写作后,朗读分享既是对创意写作的分享,也是锻炼朗读能力的重要环节。在朗诵前,每一个小组成员熟悉诗歌朗诵评价表(见表 3-1-4)内容,小组成员共同商讨打分。

表 3-1-4:诗歌朗诵评价表

评分项目	评 价 标 准	评价等级		
		A(20 分)	B(10 分)	C(5 分)
仪表形象	大方自然,举止从容端正,精神饱满。			
语言表达	吐字清晰准确、语气生动、节奏富有变化,轻重缓急、抑扬顿挫切合诗歌朗诵的内容,能准确、恰当地表情达意。			
情态势神	姿态、动作、手势、眼神能准确、鲜明、自然地表达诗歌内容和思想感情,渲染气氛,增强表达效果。			
朗诵效果	朗诵有感染力,声情并茂,富有韵味,能与观众产生共鸣。			
创意	朗诵形式富有创意,配以适当伴奏或配乐,或其他富有创意的形式。			
小计				

二、PHD 课程实施

(一)观察记录

观察山茶花的颜色形状,感受四季景物的变化之美。请同学们带上纸笔,

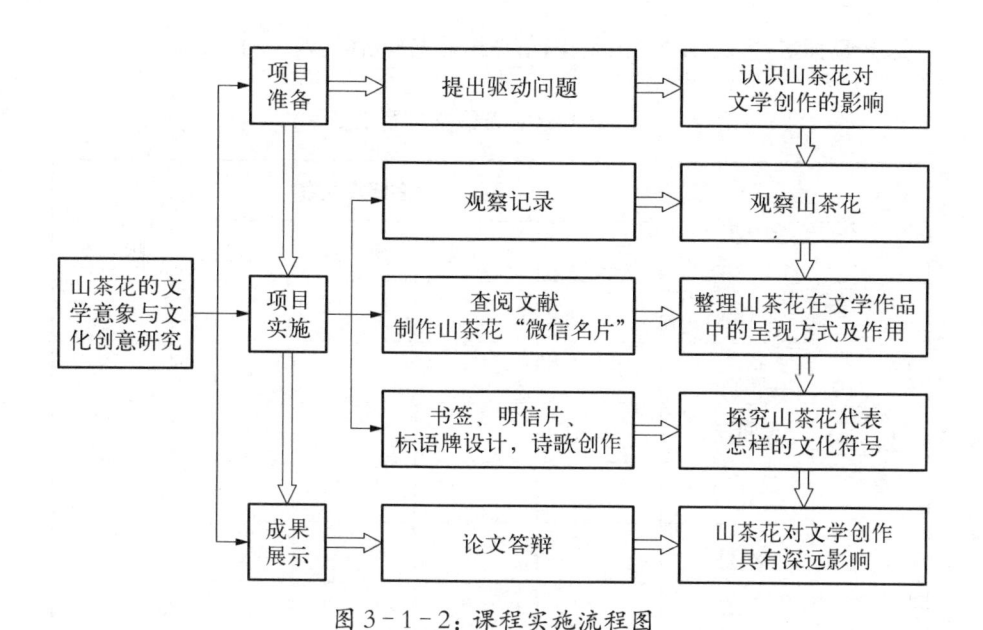

第三章 素养的综合性与指向的全人性

图 3-1-2：课程实施流程图

```
山茶花的文学意象与文化创意研究
├─ 项目准备 → 提出驱动问题 → 认识山茶花对文学创作的影响
├─ 项目实施 → 观察记录 → 观察山茶花
│           → 查阅文献 制作山茶花"微信名片" → 整理山茶花在文学作品中的呈现方式及作用
│           → 书签、明信片、标语牌设计，诗歌创作 → 探究山茶花代表怎样的文化符号
└─ 成果展示 → 论文答辩 → 山茶花对文学创作具有深远影响
```

调动感官，去看一看、闻一闻、摸一摸菁园图书馆前的这株山茶。

从多感官、多角度观察山茶花，感受山茶花的变化，完成表格（见表 3-1-5）。

表 3-1-5：山茶花观察表 1

技法习得	多感官观察				
	视觉	听觉	触觉	嗅觉	味觉
远视					
平视					
仰视					
俯视					
近视					
环视					

借助回忆,再次"观察"山茶花,请继续补充表格(见表3-1-6)。

表3-1-6：山茶花观察表2

技法习得		多感官观察				
^		视觉	听觉	触觉	嗅觉	味觉
多时段观察	初见时					
^	高兴时					
^	课间操时					
^	风雨天					
^	夜晚时					
^	……					

图3-1-3：学生观察山茶花

（二）文献查阅

（1）查找资料，寻找诗词作品中的"山茶花"（见图3-1-4、3-1-5、3-1-6、3-1-7）。

（2）小组合作，探究"山茶花"对作品表达的作用。

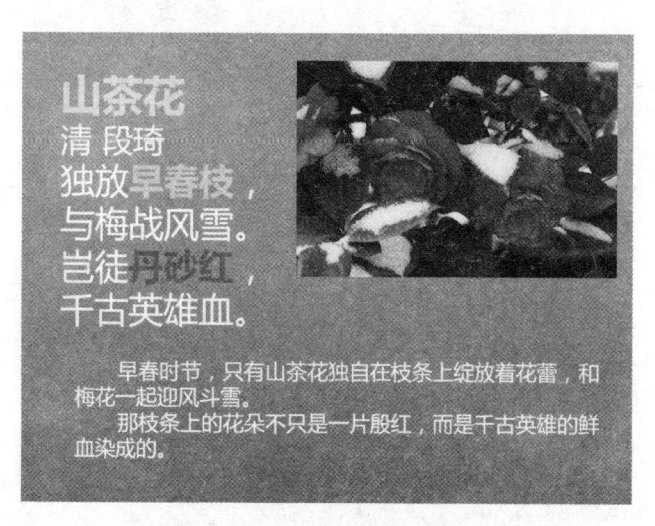

图3-1-4：学生PPT截图1

图3-1-5：学生PPT截图2

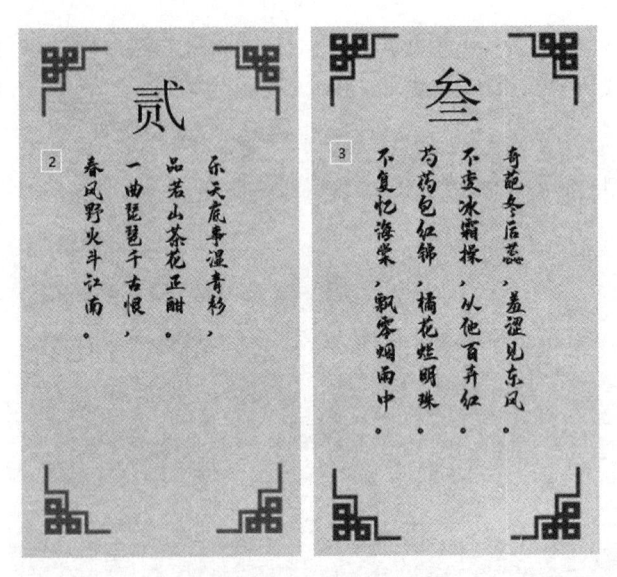

图 3-1-6：学生 PPT 截图 3

图 3-1-7：学生 PPT 截图 4

（三）微信名片制作

每一种植物，都有属于自己的名片，介绍它的科属、用途等资料。请你结合对山茶花的观察、文学作品中山茶花的呈现方式作为文化符号的深刻影响和魅力，为菁园图书馆前的山茶花制作独特的微信名片（见图 3-1-8）。

第三章　素养的综合性与指向的全人性　　83

```
           我的微信名片
  科属：                    头像：
  花语：
  个性签名：
  自我介绍：
```

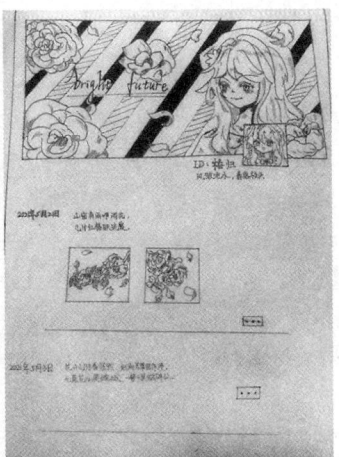

图 3-1-8：学生作品截图 1

(四) 创意写作(见图 3-1-9)

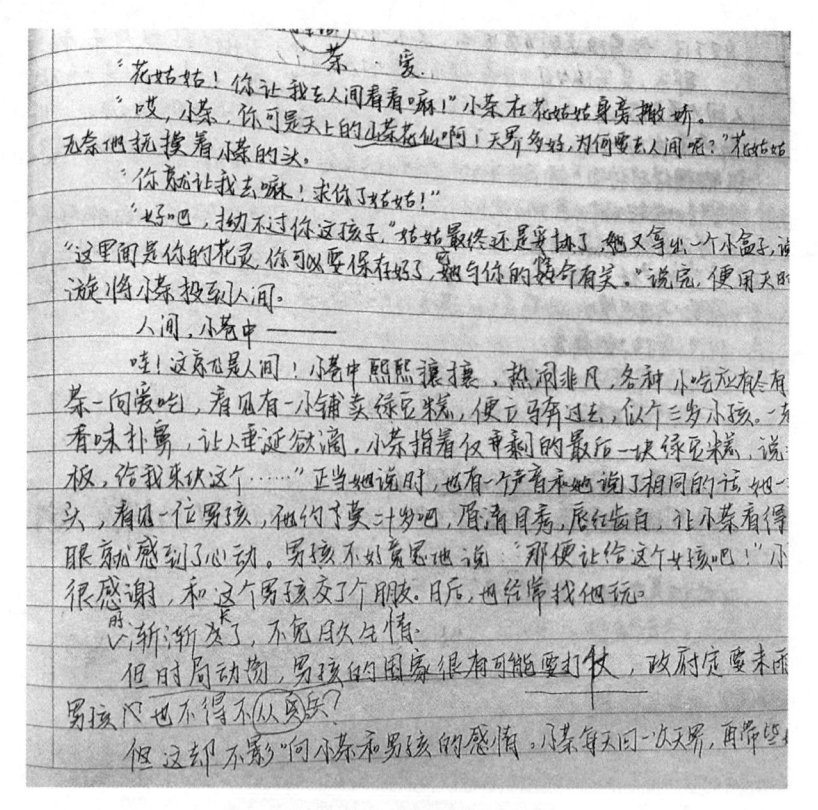

图 3-1-9：学生作品截图 2

(五) 现代诗创作

四季更迭，流光溢彩。生活是一首诗，而山茶花的一枝一叶也和我们的生活融入在一起，山茶花的花语又是那么地丰富。让我们借助联想和想象，将单一的情感丰富化。将自己对于生命的喜爱、赞颂、怜惜、敬畏等感受融于文字，通过情感表达，深刻地理解生命的价值和意义。

用"假如我是一朵山茶花"开头，续写三四行，写一首你心中的《山茶花》诗(见图 3-1-10)。

假如我是一朵山茶花

————————————

————————————

————————————

假如我是一朵山茶花　　　　　　　　假如我是一朵山茶花
　我要盛放在姹紫嫣红的春天　　　　　未名是春秋静默如谜
　　为充满希望的菁园　　　　　　　　　葱茏陆离与冰雪
　　　多添一抹亮色　　　　　　　　　　　各自纷呈

图 3-1-10：学生作品截图 3

(六) 论文写作

以"借花表达主旨有多少种方式"为题撰写小论文。

借花表达主旨有多少种方式

古代诗人以诗言志，诗歌中所表达的理想志向，所阐述的人生哲理，所蕴含的美好情操，或对社会、对人生、对历史进行的总结等都是我们要揣摩的诗歌的主旨。

1. 谦逊

山茶花是一种花色十分鲜艳的花卉，由于它的天生丽质，一直以来深受很多人的喜爱，那么山茶花的寓意是什么呢？其中就有谦逊的用意，山茶花的枝叶四季长青，即使在寒冷的季节也能傲然盛开，不骄不躁也不失它的独特美丽。

2. 理想的爱

山茶花是人们所公认的"花中娇客"，在中国已经有很久的栽培历史，同时它也是云南省的省花，代表着理想的爱，由于山茶花的株形独特典雅，花色丰富多样化，象征着心中理想的爱情希望自己心仪的人知道，是现在很多人用以赠送恋人的最佳花卉之一。

3. 美德

山茶花是中国的十大名花之一，也是世界上珍贵的花卉品种，它的枝叶在一年四季中浓郁且富有光泽,尤其在冬季的时候它的花色有红、粉、白等多种颜色,高洁而美丽,象征着女性的美德,是一种最高的认可和赞美。

4. 可爱

一眼望去,开花时候的山茶花就像披上了一件美丽的衣裳,在大自然的恩惠下显得格外的独特高雅,像一位可爱的少女过着与世无争的生活;还有的山茶花静静地开放于庭院之中,一直深受文人墨客的青睐。

三、PHD 课程反思

本次项目学习的主题是"山茶花的文学意象与文化创意研究",由观察山茶花入手,进而探究文学作品中的山茶花所承载的作用,探究山茶花这一意象的文化意义。创设情境,创意写作,朗诵作品,将听说读写相结合,层层推进。

在项目实施的过程中,我们关注学生的学习状态,确定帮助对象。学生在项目学习中遇到困难时,小组成员群策群力,组长协调组织。在学生论文写作的过程中,我们也给学生提供了指导性的意见,并引导学生反复修改。通过多元化的评价方法和合理的任务分配,每一位学生在项目学习过程中都能"大显身手"。

我们也发现在这一项目的学习上,一些同学,尤其是男同学,学习兴趣不浓厚,表现出被动地听讲、机械完成分工任务,缺少主动思索与探究的意愿。因此,小组成员后期要有微调,调试出小组最佳学习氛围,还需要挖掘更多的学习资源,丰富教学手段,增添说读写的情境。

(撰稿人:王冬梅,陈程)

【PHD 课程 6】 叶贴画的多元制作研究

表 3-2-1：PHD 课程概览

PHD 课程名称	叶贴画的多元制作研究	适用年级	七年级
类型	跨学科学习	课时安排	12 课时
涉及学科	生物、美术、信息技术、化学、劳动技术		
PHD 课程简介	生物是自然科学中的一门基础学科，是研究生命现象和生命活动规律的学科。知识来源于生活、服务于生活，注重与生活的联系，注重立足于现实生活背景，发展学生生命观念、理性思维、科学探究、社会责任等几个方面的核心素养，提倡学生在自主探究中体验、收获知识。 　　为了更好地在生物教学中落实核心素养的培养，结合我校实际开发了一系列的校本课程，并对课程进行了整合设计，通过一系列的项目设计引导学生利用身边的叶资源，从叶的形状、大小、颜色、厚度等方面去主动理解、认识、发现树叶所蕴含的生物语言的科学之美，创造叶中蕴含的文学之美和美术之美，采用多种方法从不同角度认识叶的性质，并进行叶贴画的设计与制作。		
核心问题	本质问题	叶的性质有哪些？	
	驱动问题	不同植物的叶性质相同吗？叶的颜色从哪来？叶的颜色与表皮有关吗？叶的颜色与叶肉、叶脉有关吗？叶的颜色还与哪个结构有关？有哪些方法可以将叶脉呈现在纸上呢？有哪些方法可以将叶的颜色和形状保存下来呢？	
学科目标	1. 利用观察法、比较法从叶的形状、质感、颜色等入手认识叶的科学语言，理解生物的多样性和统一性，以及生物适应环境的方式。通过科学语言的学习，明白叶是植物进行光合作用的		

续 表

学科目标		重要器官。制作叶贴画、研究报告、小论文、小实验、数据统计等多种实践的方法将发现和认识进行再创造。 2. 能分析判断叶的形状、颜色之美。能设计制作符合主题的叶贴画。 3. 能动手动脑制作创意手工作品,提升学生动手实践能力。 4. 利用酸碱性质的原理,了解花青素的变色原理。利用强碱具有腐蚀性的原理,了解叶脉书签的制作原理。
21世纪技能		观察能力、合作探究能力、动手能力、语言表达和文字表达能力、提取和整理信息的能力、归纳总结能力、逐渐渗透科学思维和科学探究的能力。
价值观念		1. 激发热爱大自然、热爱生活的美好情感,从而形成相应的生命观念,进行相应的生命教育。 2. 认同不随意采摘叶是对植物保护的手段,培养爱护花草树木、爱护植物、爱护环境的社会责任意识。
PHD课程成果	产品形式	叶切片临时玻片、实验报告、叶贴画、叶脉书签
	展示方式	科普知识介绍、实验报告分享、展览、答辩展示
学习评价	过程评价	根据学生在项目中是否积极参与、是否规范操作、是否按照教师要求积极地完成任务、作品质量如何、作品是否值得推广等几个方面制定评价量表,由自评、他评两方共同完成评价。
	结果评价	根据作品内容是否符合主题、内容赋予的创新性、作品是否符合视觉美、作品说明是否清楚、作品推广效果如何等几个方面进行评价,由自评、他评两方共同完成评价。
PHD课程资源		1. 校园丰富的生物资源和实验仪器、工具。 2. 丰富的网络资源、图书资料资源。 3. 教师的专业化指导和学生之间的合作。

一、课程启动

(一) 背景分析

叶是绿色植物进行光合作用和蒸腾作用的主要器官,对于植物的一生来说有着非常重要的意义。在菁园校园里,四季随处可见各种植物的叶,与周围的环境一起形成了一道道美丽的风景线。如何将叶的美展现并表达出来呢? 不同学科教师有不同的看法。如语文学科中观察叶并描述写作,美术学科中色彩、形状写生,生物学科中叶相关知识的学习和实验,地理学科中植物分布与地理环境的关系,历史学科中菁园百年植物史,物理学科中重力速度与落叶,化学学科中酸碱对叶的腐蚀。

我们发现一片小小的叶可以将学科知识联系起来,进行叶专题的学科融合可以解决驱动问题。因此我们开发了以叶为研究对象的"生物+菁园叶语"微课程。

七年级学生对刚刚步入的新环境、接触的新学科、新同学、新老师充满了好奇,他们愿意参与到学习中来进行认识,学习热情高涨,更易接受浅显的知识。但是刚刚步入初中学习的他们,缺少科学规范的实验操作技能、物理化学等学科知识,对菁园环境、文化不是很熟悉。为了让学生对叶的世界有系统性、拓展性、创造性的认识,在自己的体验中收获知识、快乐成长,课程学习内容安排为叶的生物科学语言、直观感性的美学语言表达,即"怎样制作多元的叶贴画"。

(二) 学生分组与课程管理

1. 学生分组及分工

在"不同植物的叶性质相同吗? 叶的颜色从哪来? 叶的颜色与表皮有关吗? 叶的颜色与叶肉、叶脉有关吗? 叶的颜色还与哪个结构有关? 有哪些方法可以将叶脉呈现在纸上呢? 有哪些方法可以将叶的颜色和形状保存下来呢?"这一系列驱动问题提出后,学生纷纷就这些问题展开讨论与交流,根据学生讨论的结果以及学生自己的兴趣爱好、个人特长,在教师的指导下进行了小组分工合作(见表3-2-2)。

表3-2-2：小组成员分工名单

组 别	小组成员分工				主题分工
	查阅资料	收集素材	动手操作	交流汇报	
第一小组	勇 琦	杜鑫雨	蔡雨铮	姚宜君	动物主题
第二小组	王悦琳	汪子宁	钟梓徐	宋子欣	植物主题
第三小组	佘星瑜	王贻萱	于 好	严 蕾	人物主题
第四小组	叶嘉雯	范梓萌	邹欣妍	周天予	风景主题

2. 制定评价量化表,及时评价激励

(1) 设计学习工具。在课程学习活动中,如何指导学生参与课程活动,实时给予学生帮助是非常重要的。因此,我们根据不同课时的学习目标设计了课程学习单,如：第一课时主要是从外部形态来认识叶的科学语言,明白叶中体现生物的多样性。我们提供了常见叶的叶形、叶尖、叶基、叶脉、叶缘等先备知识资料,设计了"叶的外部性质"观察记录表(见表3-2-3),围绕外部形态进行观察,在课程学习的过程中完成。

表3-2-3："叶的外部性质"观察记录表

		一	二
叶的名称			
摸一摸	触感、质地		
闻一闻	叶的气味		

续　表

		一	二
看一看	叶的颜色		
	叶的形状		
	叶的边缘		
	叶的尖端		
	叶的基部		
	叶　脉		
画一画			
选出你心目中最能代表菁园文化的叶子，并说明理由			

为了使学生对叶的基本结构有清晰的认识，认同生物体结构的统一性，我们设计了"叶的颜色"观察记录表（见表3-2-4），便于学生对叶片的结构进行清晰的认识，在学习中识别相应的结构，认识相应的物质。

表3-2-4："叶的颜色"观察记录表

"叶的颜色"观察记录表	
发现问题	不同植物的叶结构一样吗？叶的颜色从哪来？
实验目的	认识叶的表皮细胞、认识叶的结构。
实验材料	叶、显微镜、盖玻片、载玻片、镊子、单面刀片、土豆、培养皿、清水。
实验过程	1. 制作叶的表皮细胞临时装片。2. 制作临时切片。3. 显微镜观察识图。
实验结果	表皮细胞中＿＿＿＿色素，叶的＿＿＿＿中含有色素。

续　表

"叶的颜色"观察记录表	
实验结论	叶的基本结构包括_____,体现了生物的_____性。叶肉细胞中含有大量的色素,主要存在细胞的_____中。这些色素与植物的_____作用有关。色素_____的变化使叶在不同时期呈现不同的颜色。

在每一次活动中都会有相应的作品产生,为了了解学生的创作理念和创作后的所感所悟,每一次作品的呈现需要辅以创作说明(见表3-2-5)。

表3-2-5:"怎样制作多元的叶贴画"作品创作说明

"怎样制作多元的叶贴画"作品创作说明					
作品名称					
作品类型					
指导教师		作者姓名		时间:	
创作目的					
创作过程					
作品独创性					

(2)检核学习成果。学生完成学习的过程中,对学生的参与情况和完成情况,要给予合理的评价,才能促使学生更积极、有目标地去完成课程活动。评价可以是自评也可以是他评,因此我们设计了过程评价量表(见表3-2-6)和结果评价量表作为学生课程完成的考核(见表3-2-7、表3-2-8)。

表3-2-6:"怎样制作多元的叶贴画"过程评价量表

课程名称	怎样制作多元的叶贴画	时 间	
指导老师		被评价人	
评价项目	评 价 内 容	评价分值	得分
出 勤	缺勤0分,请假1分,迟到3分,早退3分,出勤5分。		
参与度	提前自主学习,按照教师要求积极主动参与5分;按照教师要求,积极参与4分;没有按照教师要求参与3分;参与度不高,教师提醒后积极参与2分;参与度不高,教师提醒后仍消极对待1分;不参与0分。		
动手操作	动手实践能力强,能很好地完成任务5分;动手实践能力强,任务完成质量不高4分;动手实践能力弱,任务完成质量不高3分;动手实践能力弱,没有完成任务2分;不动手0分。		
课堂表现	认真听讲,思维紧跟教师,积极发言,表现踊跃5分;听讲较认真,偶尔开小差,发言不够积极4分;听讲不认真,经常做其他与课堂无关的事情3分;很少发言甚至从不发言2分;不听讲1分;不听讲,扰乱课堂秩序0分。		
作品质量	能独立完成作业或作品,完成质量高,作品有创意、有价值5分;能独立完成作业或者作品,完成质量一般4分;需要他人帮助完成作业(或作品),质量好3分;需要他人帮助完成作业(或作品),质量一般2分;只完成少量作业(或作品),质量差1分;不做作业0分。		
作品推广	作品被大多数人接受和喜欢5分;作品只被极少数人接受和喜欢3分。		
建 议		总分	

表3-2-7:"怎样制作多元的叶贴画"结果自评表

课程名称	怎样制作多元的叶贴画	时 间		
指导教师		被评价人		
评价项目	评 价 内 容	评价等第		
^	^	A	B	C
内容是否符合主题	内容完整,符合主题要求 A;内容与主题有关,但不完整 B;内容与主题没有关系 C。			
内容赋予创新性	内容赋予创新性,引起其他同学注意 A;内容一般,在他人基础上进行修改 B;内容与他人设计相同 C。			
作品视觉效果	作品颜色搭配合理、布局美观,有一定的立意 A;作品颜色搭配合理,布局欠缺 B;作业颜色搭配混乱,整体感觉不好 C。			
设计说明清楚	设计说明清楚,有自己的风格 A;设计说明清楚,风格一般 B;设计说明不清楚 C。			
作品推广	作品被大多数人接受和喜欢 A;作品只被极少数人接受和喜欢 B。			
建 议		总评		

表3-2-8:"怎样制作多元的叶贴画"结果他评表

课程名称	怎样制作多元的叶贴画	时 间		
指导教师		被评价人		
评价项目	评价内容	评价等第		
^	^	A	B	C
内容是否符合主题	内容完整,符合主题要求 A;内容与主题有关,但不完整 B;内容与主题没有关系 C。			
内容赋予创新性	内容赋予创新性,引起其他同学注意 A;内容一般,在他人基础上进行修改 B;内容与他人设计相同 C。			

续 表

评价项目	评价内容	评价等第		
		A	B	C
作品视觉效果	作品颜色搭配合理、布局美观,有一定的立意 A;作品颜色搭配合理,布局欠缺 B;作业颜色搭配混乱,整体感觉不好 C。			
设计说明清楚	设计说明清楚,有自己的风格 A;设计说明清楚,风格一般 B;设计说明不清楚 C。			
作品推广	作品被大多数人接受和喜欢 A;作品只被极少数人接受和喜欢 B。			
建 议		总评		

3. 学习使用多媒体工具,快速解决问题

由于专业水平限制,校园中的植物我们并不能一一认识并准确地叫出名字来,为了解决这个问题,我们需要教会学生使用传统的生物分类学的方法,来鉴别植物。但是这种方法所需时间较长、对专业性要求较高,无法满足快速识别多种植物的需要。近年来快速发展的信息技术很好地帮我们解决了这个问题,由于大数据技术的使用,借助移动信息工具,可以快速准确地定位植物信息。因此我们通过调查和实践发现有几款移动 APP 可以很好地帮助我们快速识别植物。如形色 APP、花将 APP、识物 APP、拍照识花 APP、拍照识图君 APP 等多款 APP,再利用百度百科等数据网站,能在短时间内完成对植物的识别及认识。

二、课 程 实 施

1. 分阶段制定课程计划,确定课程目标

学生对生物界充满了好奇,他们有着善于观察的眼睛和发问的大脑,在平时的学习中提出了很多问题,如:每种植物的叶都一样吗?能不能找到两片完全相同的叶子?植物的叶为什么是绿色的?不同植物的叶都是绿色的吗?同一植物的叶一直是绿色吗?植物的叶为什么有的大、有的小?植物的叶有什么功能?植物的叶要呼吸吗、靠什么呼吸呢?

我们对这些问题进行了整理和调研,发现其中蕴含的知识与很多学科都能有效地结合起来。因此,依据近年来生物教学中学生提出的问题,根据七年级学生特点,结合我校实际情况,生物教师制定了课程计划,并进行了课程设计(见图3-2-1),明确了每个阶段学生的达成目标和物化成果,并在课程实施中不断修改完善课程。

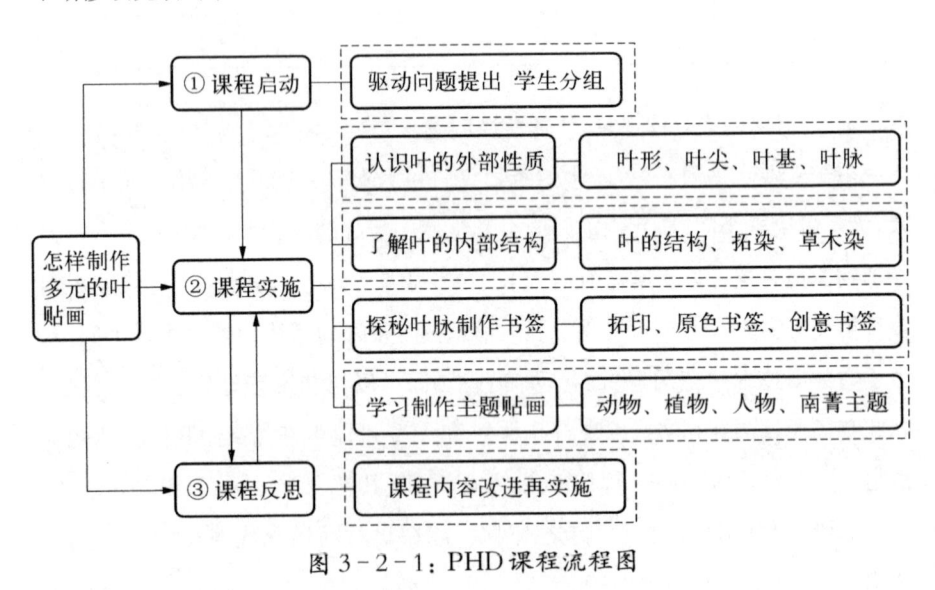

图3-2-1:PHD课程流程图

为了明确课程进程,保证课程科学有效地开展,我们制定了详细的课程内容和时间安排(见表3-2-9)。

2. 分模块进行课程设计,完善课程内容

教学贴近学生的生活实际,学有用的科学知识,科学教学应该联系学生的生活、关注学生的生活,通过一系列驱动问题的提出进行分模块实践研究。

表3-2-9：PHD课程安排表

模 块 分 类	课 程 内 容	课时安排	预计物化成果
模块一：认识叶的外部性质	观察叶的外部性质	2课时	观察记录表
模块二：了解叶的内部结构	制作叶表皮的临时装片	1课时	叶表皮的临时装片
	制作叶的临时切片	1课时	叶的临时切片
模块三：探秘叶脉制作书签	草木染、拓染	1课时	拓染贴画
	拓印	1课时	拓印贴画
	叶脉书签	2课时	叶脉书签及贴画
模块四：学习制作主题贴画	制作植物标本	1课时	植物标本贴画
	干花吊坠制作	1课时	干花吊坠贴画
	用银杏叶造再生纸	1课时	再生纸贴画
	叶贴画制作及交流	1课时	主题贴画

第1模块 认识叶的外部性质（2课时）。

第一步：提出驱动问题"每种植物的叶都一样吗？能不能找到两片完全相同的叶子"，学生分组在校园中收集叶子，然后通过查阅资料、观察并记录叶的特征，发现叶的科学语言，将自己的观察所得所悟记录在《"叶的外部性质"观察记录表》中。本阶段主要是利用生物学中的观察法、比较法从叶的形状、质感、颜色等入手认识叶的科学语言，理解生物的多样性和统一性，以及生物适应生物环境的方式，以便从科学角度认识叶。第二步：通过设计问题"选出你心目中最能代表菁园文化的叶子，并说明理由"激发学生对菁园文化探秘的好奇心，结合入学教育中菁园文化的学习内容将对叶语的感悟很好地表达出来（见图3-2-2）。

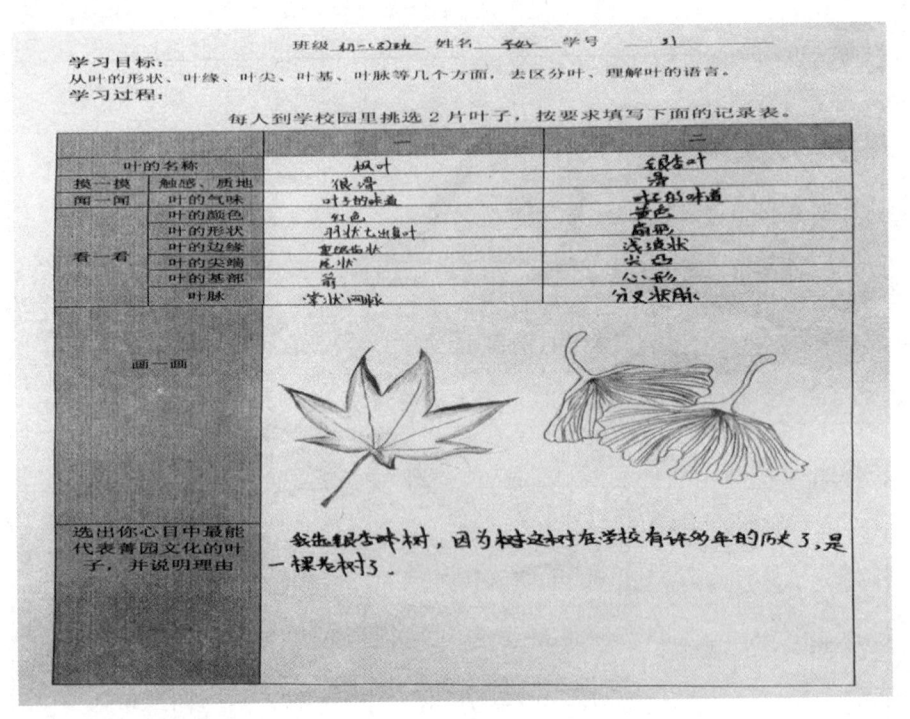

图 3-2-2：学生的《"叶的外部性质"观察记录表》

第 2 模块　了解叶的内部结构(3 课时)。

第一步：提出驱动问题"叶的颜色从哪来"，紧接着展示叶的结构，让学生猜测色素存在的位置，提出问题"叶的颜色与表皮有关吗"，学生动手制作叶表皮的临时装片，并在显微镜下观察，明确叶的颜色与表皮无关(见图 3-2-3)。

第二步：继续提出驱动问题"叶的颜色与叶脉、叶肉有关吗"，学生动手制作叶的临时切片并于显微镜下观察，明确叶的绿色主要与叶肉有关。叶肉中有色素(见图 3-2-4)，这些色素主要参与光合作用，除了这些色素，植物细胞液泡内还含有花青素，它是植物中的"变色龙"，它遇酸变红色，遇碱变蓝色。

第三步：提出问题"怎么将叶中的颜色呈现出来"，视频介绍草木染的历史、方法，指导学生采用拓染的方法制作叶贴画(见图 3-2-5、图 3-2-6)。

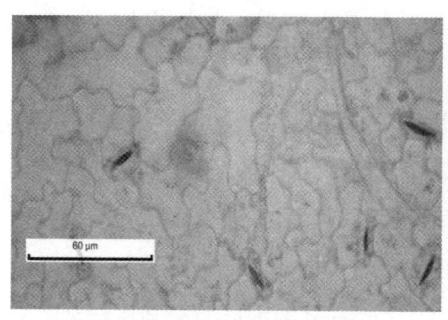

图3-2-3：叶表皮细胞临时装片 图3-2-4：叶临时切片

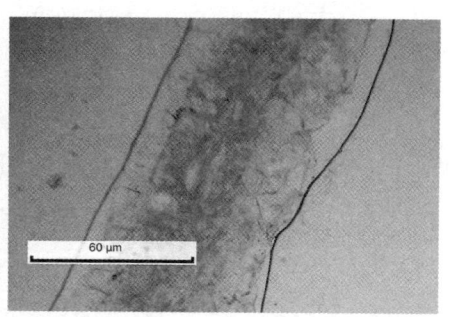

图3-2-5：学生在制作树叶拓染贴画 图3-2-6：叶拓染贴画

本阶段是生物、化学、技术、美术的学科融合，既有叶表皮细胞临时装片和临时切片的制作、化学实验的观察，又有拓染等方法的体验，都是从科学探究、技术层面锻炼学生的观察能力、合作探究能力、动手能力，逐渐渗透科学思维和科学探究能力。

第3模块　探秘叶脉制作书签(3课时)。

第一步：提出驱动问题"用哪种绘画方法把叶的性质呈现在纸上"，学生通过观察推测采用拓印的绘画方法把叶的性质呈现在纸上，紧接着提问"不同的叶子组合会拓印成什么样子"，学生在教师指导下利用拓印的方法制作叶贴画（见图3-2-7），是生物、美术与技术学科的融合。在制作过程中学生发现叶脉清晰的叶以及叶的背面更容易显现叶的性质,因此教师在此基础上设计新的问题。

第二步:提出驱动问题"如何将叶脉和叶肉分离",学生通过查阅资料得知,不少植物的叶、叶脉由坚韧的纤维素组成,在碱性溶液中不易煮烂,而叶脉四周的叶肉在碱性溶液中容易煮烂,可以利用腐烂法、化学法、蒸煮法等方法来分离叶脉和叶肉。为了能很快地获得叶脉,我们采用了化学法来进行叶脉书签的制作,"是不是所有植物的叶脉都不易煮烂呢"、"哪些植物的叶适合制作叶脉书签呢"、"选用哪些碱性溶液呢"、"需要用到哪些工具呢"带着这些问题,我们进行了讨论和实验,并选用了红叶石楠叶、茶树叶、桂花叶、玉兰叶、红花酢浆草叶、龙爪槐叶等,分别放在氢氧化钠、小苏打、洗衣粉溶液中,为了加快实验速度,采用了煮沸法。经过反复实验我们发现氢氧化钠处理的红叶石楠叶最易于制成叶脉书签。

本阶段是利用强碱具有腐蚀性,可以腐蚀掉叶肉,而叶脉不受影响的原理进行叶脉书签的制作,是化学、生物、美术与技术学科的融合,成果主要是叶脉书签(见图3-2-8)。

图3-2-7:叶拓印贴画　　图3-2-8:叶脉书签

第4模块　学习制作主题贴画(4课时)。

第一步:提出驱动问题"如何将叶的美保留下来",经过资料查阅和学习,明确制作植物标本和滴胶干制等方法可以将植物的原始美保留下来。制作植物标本分采集植物、压制标本(见图3-2-9)、干燥装订等几个环节,在鉴定植物环节需要借助专业工具的帮忙,可以让学生借助百度百科、形色APP等现代化手段。将叶与花的美结合起来,利用滴胶进行吊坠的制作,也是生物、美术及技术的融合(见图3-2-10)。

图3-2-9:学生在制作标本贴画　　图3-2-10:干花吊坠贴画

第二步:每到秋天总会有很多落叶在校园里飞舞,给校园道路清扫工作带来了难度,所以针对这种现象我提出驱动问题"落叶如何处理,才能变废为宝",学生纷纷出谋划策,有人指出做成叶贴画、树叶画、燃料等,也有很多人对将叶做成纸很感兴趣,因此学生在教师指导下,通过查阅资料,了解再生纸的制作原理和流程,分组动手制作银杏再生纸(见图3-2-11),并在纸上完成贴画制作(见图3-2-12)。

第三步:提出驱动问题"植物的叶中隐藏着哪些美术元素",学生在教师指导下,分组动手模仿制作叶贴画,完成动物主题(见图3-2-13)、人物主题(见图3-2-14)、南菁主题(见图3-2-15)、植物主题(见图3-2-16)叶贴画设计,并附上作品说明(见图3-2-17),介绍自己的创作意图、创作过程,教师和其他同学根据作品和展示情况对其进行打分评价,在此过程中学生也会完成自我评价。

图3-2-11：银杏叶再生纸　　　　图3-2-12：银杏叶再生纸贴画

图3-2-13：动物主题贴画　　　　图3-2-14：人物主题贴画

图3-2-15：南菁主题贴画　　　　图3-2-16：植物主题贴画

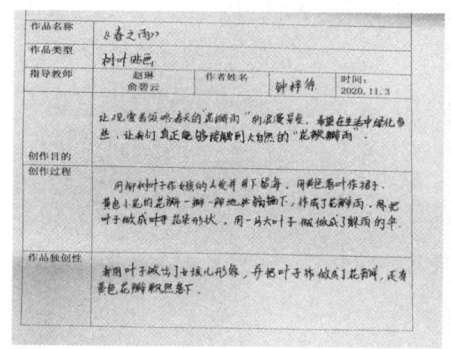

图 3-2-17：作品说明　　　　图 3-2-18："南菁小博士"荣誉证书

本阶段是在前面认识了叶的生物性质、明白了其中隐含的美术元素的基础上，学生开展的创意创作。在创作前教师给了主题的指导，学生根据自己的爱好和特长进行创作，是美术和生物学科的融合。

课程研究的不同阶段有不同的任务，学生会有相应作品的呈现，教师根据学生作品成果和答辩情况进行点评，符合要求的学生授予"南菁小博士"称号（见图 3-2-18）。

四、课 程 反 思

（一）课程设计逐渐完善，教师素养逐步提升

本课程是先研究叶的性质然后进行叶贴画的制作，涉及到的内容较多，设计课程之初有的教师担心课程中涉及的两个实验，对于刚刚接触生物学的七年级学生来说有点难度，指出："制作叶表皮装片和叶横切也是初中生物实验中的两个非常重要的实验，但对于初一的学生来说，这一部分的生物知识比较欠缺，就课堂上讲述的实验步骤，学生按部就班，其实没有实际掌握相关的内容。另外该课程涉及很多技术、美术方面的知识，生物教师对于这方面的素养相对欠缺，可能达不到想要的效果。"但是从实施操作来看学生完全有兴趣、也有能力

去完成相关的实验操作,随着学生生物学习的加深,会有越来越多的学生很快地完成相关内容的制作和创作。

从课程发展的长远来看,教师应该进行充电学习,不断提高自己的生物专业素养和其他相关的美术、操作素养。

(二) 课程评价逐渐精细,学生展示逐渐大方

课程评价分为过程性评价和结果性评价两个层次,从初步实践来看过程性评价应该及时有效反馈,结果性评价推广面可以更广。为了让学生作品得到客观的评价,结果性评价中不仅安排了师评、他评,还安排了其他年级学生的投票评价、网络投票评价,将学生作品很好地进行了推广和评价。

在实践过程中,多次安排学生上台进行展示汇报,一开始很多学生不敢上台,但在教师的引导下能自信大胆地表达并且提问,在这个过程中我们也看到了学生的成长。

(撰稿人:赵琳)

第四章
学习的具身性和活动的驱动性

PHD课程是具身性的，也就是学生在进行课程学习时需要基于其身体的所有感知，将"身体"置于认知实践的中心地位，在身体体验及其活动方式中形成自身的学习认知。为了更好地让学生能多种感官全身心去体验，PHD课程强调要让学生围绕真实而有意义的驱动性问题去展开一系列探究活动。在项目式学习中使用驱动性问题能够增强学生学习的一致性和连贯性，帮助学生建立科学知识与生活的联系，并提高学生整合学科知识的能力。

【PHD 课程 7】 金属货币材料的演变研究

表 4-1-1：PHD 课程概览

PHD 课程名称	金属货币材料的演变研究		适用年级	七年级
类型	跨学科学习		PHD 课程时长	6 课时
涉及学科	化学、物理、历史、语文、美术			
PHD 课程简介		《义务教育化学课程标准（2011 年版）》中明确指出，"让学生有更多的机会主动地体验科学探究的过程，在知识的形成、相互联系和应用过程中养成科学的态度，学习科学方法，在'做科学'的探究实践中培养学生的创新精神和实践能力"。课程标准倡导科学探究为主的多样化的学习方式，旨在转变学生的学习方式，激发学生的化学学习兴趣，使学生积极主动地获取化学知识，发展科学探究能力，培养创新精神，逐步树立科学发展观，领悟科学探究的方法，启迪学生的科学思维，最终提高科学素质。 此外，教师在平时的学科课程教学研究中还忽略了学科间的内在联系，忽略了学生横向思维和发散思维的发展。因此，我校化学学科组教师提出了化学新学科的跨学新课程，从作为交换商品的金属货币材料出发，研究随着时代发展，金属货币材料在不断改变，而金属货币材料不断演变的背后又与哪些因素有关呢？基本上述问题，教师和学生共同设计 PHD 研究性课程——《金属货币材料的演变研究》。		
核心问题	本质问题	物质的性质与用途有什么关系？		
	驱动问题	制作金属货币材料需要考虑哪些因素？		
学科目标	1. 学会观察生活现象并进一步思考原因，成为某一问题的提出者、设计者和解决者，激发科学研究热情；			

续 表

学科目标		2. 研究金属冶炼的方法、性质,引入合金的有关知识,探究选择金属材料的影响因素,思考金属货币外形不断修改的原因; 3. 学会利用方法工具打开知识面,学习化学知识的同时,学会与物理、语文、历史和美术学科相结合,采用横向和纵向思维,深度掌握多学科前沿动态;增强团队合作能力,学会学术成果汇报的专业表达能力和撰写论文能力; 4. 学会搜集、提取有用的资料、动手实验、交流合作等,掌握研究的流程和方法,提高实验操作能力以及研究、分析和解决问题的能力。
关键能力		1. 文献查阅能力与材料归纳能力 2. 实验操作能力 3. 科学思维与研究能力 4. 研究合作与管理能力 5. 撰写论文与交流表达能力
PHD课程成果	产品形式	金属货币演变的介绍、手抄报
	展示方式	科普知识介绍、PPT汇报
学习评价	过程评价	根据学生在PHD中能否找到相关资料并完成对问题的探究,是否积极参与PHD学习、制定PHD实施的计划并按时完成,是否与小组成员相互协作等方面,制定评价量表,由自评、小组评、师评三方共同完成评价。
	结果评价	手抄报、PPT制作及汇报是否贴合主题并有个人见解,总结交流时语言表达、思维维度和深度等方面,制定评价量表,由自评、小组评、师评三方共同完成评价。
PHD课程资源		1. 学校实验仪器。 2. 网络资源和相关文献资料的查阅。 3. 指导教师对PHD实施过程中理论加实践的指导。

一、PHD 课程启动

(一) 背景分析

随着社会的不断发展,教育的不断改革,人们逐渐意识到具备终身学习的能力远比掌握所学的知识更为重要。对于基础教育,各国改革的基本点集中在如何使青少年具备 21 世纪所需要的关键能力。这种关键能力可以概括为用新技术获取和处理信息的能力、主动探究的能力、分析和解决问题的能力、与人合作及责任感、终身学习的能力等。

目前,我国中小学课程的设置主要以学科课程为主。学科课程符合学生认知规律的优点可以让学生形成良好的知识框架和经验背景。但是,不可否认的是,传统的学科课程使得理论与实际相对脱离,难以调动学生学习的积极性和探究创造性。而国家要培养具备关键能力的人才,仅靠传统的学科教学难以实现,必须寻找和创造新的课程形态和新的学习方式,PHD 课程应运而生。

PHD 课程以转变学生的学习方式为目的,引导学生像博士一样自主学习,强调主动探究和实践创新精神。化学作为实验与理论密切结合的学科,无论是从科学性、趣味性、探究性等各方面而言,都有利于增强学生的学习兴趣,调动学习主动性,对于学生的观察、分析、探究和创造能力、严谨的科学态度以及团队合作精神都有好处。所以,本文将从化学学科出发,渗透物理、历史、语文和美术学科,进行 PHD 课程的研究。

从古至今,有需求就有市场,有商品就有买卖,人们的吃穿住行都离不开钱,而提到钱,人们就会想到货币。在西周之前,人们通常使用海贝等作为实物货币进行商品交换。随后,西周时期出现了青铜货币,自此,金属货币登上货币舞台。此后,金属货币在长期的市场交换中逐渐取代了实物货币和自然物货币(见图 4-1-1)。

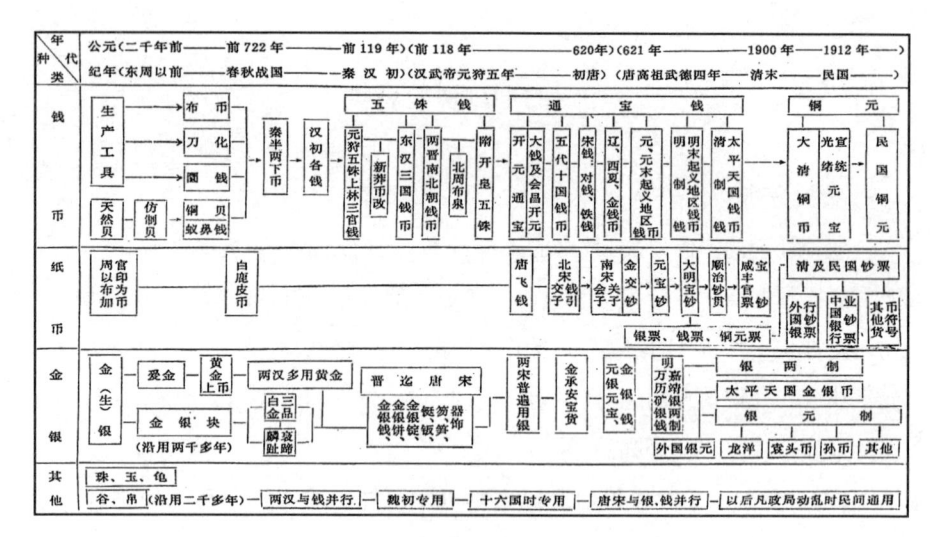

图 4-1-1：中国货币发展概况总表

随着朝代变迁、时代发展，作为交换商品的金属货币经历了从称量货币到铸币的演变最终成为经国家证明的、具有规定重量和成色的、铸成一定形状的国家铸币。中国的货币形状很多，从西周时期的青铜货币、战国时期的黄金货币、西汉时期的铁币、唐末五代时期的银币等等，我们可以发现金属货币在使用的材料上在不断改变。金属货币从公元前 14 世纪开始沿用至今。不仅在中国，国外很多国家都在使用金属货币。为什么人类喜欢用金属材料来铸造货币呢？人们通常选用哪些金属材料来铸造货币呢？金属货币材料不断演变的背后又与哪些因素有关呢？基于上述问题，本文就《金属货币材料的演变研究》为课题进行探究。

（二）学情分析与学科目标

学习主体是七年级学生，他们具有好奇、好动、好胜、注意力较稳定等特点。虽然学生尚未接触化学学科，却可以通过此次 PHD 课程探究增强学习化学的兴趣和学习内驱力，并且在实验探究过程中引导学生进行实验操作，提升动手能力，让学生明白化学是一门以实验为基础的学科，并培养学生严谨的科学态度。但是在平时课堂学习中无法给学生提供充分的时间和探究平台。因此，在 PHD 课程中可以给学生提供足够的空间和资源，让学生自主学习和讨论，在思想的摩擦中迸发出解决问题的思路和方法，让学生在探研过程中提高各项能力。

基于上述分析，本次 PHD 课程的学科目标是：（1）学会观察生活现象并进一步思考原因，成为某一问题的提出者、设计者和解决者，激发研究热情；（2）研究金属冶炼的方法、性质，引入合金的有关知识，探究选择金属材料的影响因素，思考金属货币外形不断修改的原因；（3）学会利用方法工具打开知识面，学习化学知识的同时，学会与物理、语文、历史和美术学科相结合，采用横向和纵向思维，深度掌握多学科前沿动态；增强团队合作能力，学会学术成果汇报的专业表达能力和撰写论文能力；（4）学会搜集、提取有用资料、动手实验、交流合作等，掌握研究的流程和方法，提高实验操作能力以及研究、分析和解决问题的能力。

（三）学生分组与课程管理

1. 学生分组

为了更好地提高 PHD 课程探究效率，采取小组合作制（见表 4-1-2），以分组合作的方式，充分发挥每个学生的主观能动性，并且建立恰当、适时、持续的小组评价机制以促进学生的积极性，提高学习兴趣。

表 4-1-2：小组成员名单

组别	小组成员				
第一组	管梓嘉	查昊霆	胡梓锐	孔钦沐	孙小妤
第二组	赵臻廷	庄奥楠	解钦培	宋宸汐	张淳
第三组	於铭乙	张子瑞	徐皓宸	高钰菀	钱和

2. 学习工具设计及其评价

在《金属货币材料的演变研究》PHD 课程学习中，结合 PHD 课程特点、学生学情等具体的情况,教师设计 PHD 课程学习工具和 PHD 课程学习评价表,为 PHD 课程的有效开展做好充分准备。

在此次 PHD 课程学习中,学生根据驱动问题确立研究的方向。在教师指导下,设计实验方案,进行实验,记录并分析实验现象,得出实验结论。至此,制作了 PHD 课程过程记录单,记录学生的研究思路、研究方法、研究过程与结论(见表 4-1-3)。

表 4-1-3:学生 PHD 课程记录单

PHD 课程名称		课　时	
阶段研究目标			
学习过程记录			
反思			

在 PHD 课程探究过程中,对学生的参与情况和完成情况,要给予合理的评价,才能促使学生更积极、有目标地去完成 PHD 课程活动。评价可以是自评也可以是他评,因此,我们设计了学生能力评价表——教师评(见表 4-1-4)和学生自评/互评学习能力评价表作为学生 PHD 课程完成的考核(见表 4-1-5)。

表 4-1-4:学生能力评价表——教师评

学校:_____　班级:_____　指导教师:_____　评价人:_____

项目	权重	评　价　要　点	应得分	实得分	备注
一、活动准备	15 分	1. 选题恰当,有条件开展。	4		
		2. 活动目的明确。	3		
		3. 分组恰当,组长和成员任务分工明确。	4		

续 表

项目	权重	评 价 要 点	应得分	实得分	备注
一、活动准备	15分	4. 对活动进行分析和预计。如对活动方案、安全、所需的工具和材料等进行分析和预计,做好活动前准备。	4		
		小　计	15		
二、活动过程	65分	5. 拟订活动方案(包括主题、目的、内容、成员分工、准备、时间、步骤、活动方式、成果预计、交流等)。活动方案内容具体且可行。	10		活动方案随时都可以调整。
		6. 活动准备充分。例如,提前了解与活动相关的信息,做好相关的联系工作。	5		
		7. 积极主动利用多种途径和方法(体验、探究、实验、设计、创作、想象、制作等)参与活动。	10		
		8. 紧扣主题广泛搜集资料(文字、图表、音像、标本、信息等),分析、取舍和归纳资料。	10		
		9. 确定成果呈现方式(如,口头报告、书面研究报告、演讲、小册子、音像、模型等),总结活动成果与体会。	15		
		10. 展示交流活动成果。	10		
		11. 开展活动评价(自评、互评或专家评)。	5		
		小　计	65		
三、活动效果	20分	12. 学生在活动中积极主动,兴趣高昂。学生都参与活动,得到锻炼,学有所获。	4		
		13. 学生的探究精神、合作精神、创新精神得到发挥,实践能力有所提高。	4		

续 表

项目	权重	评 价 要 点	应得分	实得分	备注
三、活动效果	20分	14. 活动有始有终，成果突出。	5		
		15. 及时总结、交流和评价。	5		
		16. 在活动中遵守校规校纪。	2		
		小　计	20		
		合计得分	100		

注：1. 此表用于评价学生学习能力的研究性学习效果；2. 总分90分以上为"A"等；总分80分以上，不足90分为"B"等；60分以上，不足80分为"C"等；不足60分为"D"等。

表4-1-5：学生自评/互评学习能力评价表

一级指标	序号	二级指标	序号	评 价 内 容	权重	得分
认知能力 40分	1	思维能力	1	能够正确地获取并提炼知识信息	3	
			2	能够通过记忆、理解来真正了解知识	5	
			3	能够从不同的角度提出问题，并考虑解决问题的方法	2	
			4	能够将获取的知识举一反三	2	
	2	自学能力	1	能对自己已有的信息进行组织和归类，正确整理信息	2	
			2	能够通过自己已有的知识经验来独立地获取新的知识信息	5	
			3	能够通过自己感知、分析等来真正并正确地理解新知识	4	
			4	有求知欲望，能够自主地、主动地进行学习	3	
			5	有自己的兴趣爱好，积极尝试和探索新事物	2	

续 表

一级指标	序号	二级指标	序号	评价内容	权重	得分
认知能力 40分	3	实践操作能力	1	能够内化所理解的知识信息	3	
			2	能够根据自己获取的知识完成学习任务	4	
			3	能够正确地运用内化的知识来解决现实生活中遇到的问题	5	
综合能力 40分	1	自我监控能力	1	能够有效地安排和利用学习时间	4	
			2	能够不断评价自我的学习过程,并且发现变化及导致变化的原因	2	
			3	能够根据评价,适当地对自己的学习进行调节	2	
			4	能够根据自己不同的学习来调整学习步骤及学习计划	2	
			5	学习知识能做到有始有终,有克服困难的意志和自信心	4	
	2	科研能力	1	有意识地参加一些自己力所能及的科研活动	3	
			2	在科研活动中能与他人交流自己的想法,敢于标新立异	3	
			3	能够跳出固有的课内课外的知识,提出自己的见解,培养自己的创新性	2	
	3	表达能力	1	敢于呈现自己的想法	3	
			2	能够正确地组织和传达自己想要表达的内容	4	
			3	能够自然、流畅地表达自己想表达的内容	3	

续 表

一级指标	序号	二级指标	序号	评价内容	权重	得分
综合能力 40分	4	合作能力	1	愿意与别人合作，并能与他人交流思维的过程与结果	2	
			2	把自己当作集体的一员，评价和管理自己的行为，并承担自己的责任	2	
			3	能够尊重别人的意见或想法，认真倾听，鼓励、支持小组中其他成员，关注他们的需要和利益	2	
			4	能够为小组提供信息、质疑、归类和检验，出主意，阐明观点	2	
学习策略 20分	1	学习方法	1	能够根据自己的个性特点以及以往学习经验，总结出适合自己的学习方法	5	
			2	定期对自己的学习方法进行调整和修改	4	
	2	自我调控	1	能够根据不同的学习情况正确地使用学习方法	4	
			2	能够正确地整合各种学习方法，进行比较来更好地运用	3	
			3	能够有效利用学习资源	4	

注：此评价表为100分制，高于55分者即为合格，低于30分者则需加强自我的学习能力。

二、PHD课程实施

为使学生有条不紊地实施PHD课程，学生在教师的指导下，对"PHD课程如何开展"进行深入的讨论，并绘制出PHD课程地图，制定出PHD课程日程表。

（一）绘制 PHD 课程地图

我们梳理出 PHD 课程的研究方向,预设 PHD 课程学习内容,绘制出 PHD 课程地图,使金属货币材料的演变研究学习活动更加清晰和直观(见图 4-1-2)。

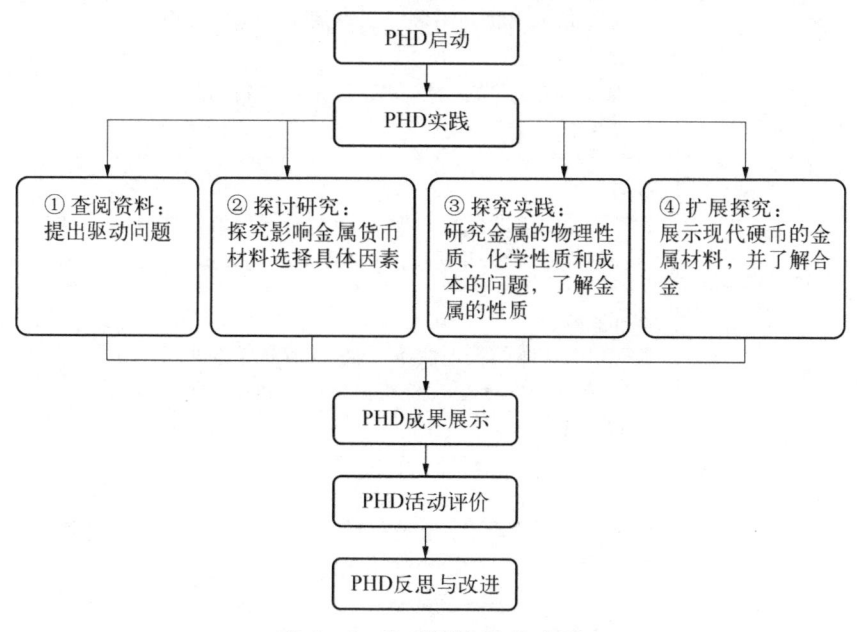

```
                        PHD启动
                           │
                        PHD实践
         ┌─────────┬─────┴─────┬─────────┐
    ①查阅资料：  ②探讨研究：  ③探究实践：  ④扩展探究：
    提出驱动问题  探究影响金属货币 研究金属的物理性 展示现代硬币的金
                 材料选择具体因素 质、化学性质和成 属材料,并了解合
                                本的问题,了解金  金
                                属的性质
         └─────────┴─────┬─────┴─────────┘
                      PHD成果展示
                           │
                      PHD活动评价
                           │
                      PHD反思与改进
```

图 4-1-2：PHD 课程地图

（二）制定 PHD 课程日程表

科学合理地开展 PHD 课程可以提高学生在实施 PHD 课程探究时的效率。因此,我们制定了 PHD 课程具体实践内容和时间安排(见表 4-1-6)。

表 4-1-6：PHD 课程日程表

环　节	具　体　内　容	时间安排
PHD 课程准备	1. 学生进行分组并明确任务。 2. 学生在教师指导下绘制 PHD 学习地图,制定 PHD 日程表。	1 课时

续　表

环　节	具　体　内　容	时间安排
PHD课程实践	提出问题： 1. 学生借助书籍网络等资源查阅关于金属货币的资料。 2. 根据查阅的资料，提出对金属货币材料的演变研究的驱动问题。	1课时
	探讨研究： 针对驱动问题进行探讨，得出影响金属货币材料选择的具体因素，并据此进一步明确研究方向。	1课时
	探究实践： 通过研究金属的物理性质、化学性质和成本的问题，了解金属的性质，最终得出最适合制作金属货币的金属。	2课时
	扩展探究： 1. 展示人民币硬币的金属材料。 2. 了解合金，了解合金在生活中的用途。	1课时
PHD课程成果展示	1. 学生们展示成果并进行交流。 2. 学生们制作PPT进行汇报、答辩，教师评价。	1课时

（三）PHD课程实践

1. 提出问题

2019年中国人民币发行的最大亮点是硬币的改革。这个现象引起了同学们的好奇（见图4-1-3）。初一学生在历史课上已学习了有关货币的一些知识，中国是世界上最早使用货币的国家之一，只要有商品买卖，就需要钱——货币。货币尤其是金属货币在任何时期都没有被取代，它是经济、社会、文化发展不可或缺的人类文明的结晶。它与我们的生活息息相关。

但可以发现的是在中国历代货币的发展变革中，金属货币的材料在不断改

图4-1-3：2019年改版前后的人民币硬币

变。课堂上，学生也提出了自己的疑惑，为什么不同朝代的金属货币材料是不同的、为什么新版人民币五角硬币材质改变了等问题（见图4-1-4），教师引导学生通过查阅资料发现，随着年代的发展、冶炼金属技术的进步，金属货币材料的选择也是各有不同。此时，学生进一步设想，制作金属货币材料需要考虑哪些因素？学生以此为出发点，作为驱动问题进行研究。

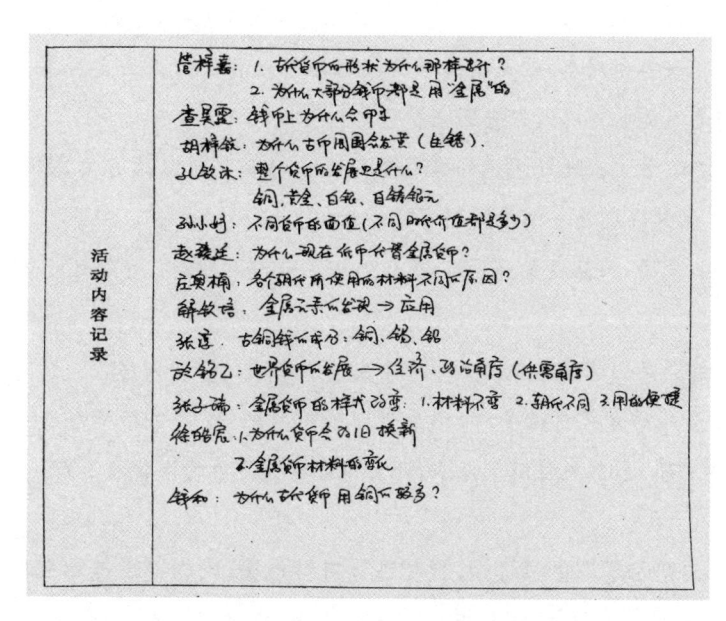

图4-1-4：学生提出的问题

学生对金属货币的认识，只停留在历史书上对其简短的介绍和生活中的印象，而对于制作金属货币需要考虑哪些因素、其不断演变背后又蕴含了什么、与经济、政治、社会等有怎样的联系，他们并未深入思考过。所以，"制作金属货币材料需要考虑哪些因素"驱动问题的提出，打开了学生思维的大门，给学生的思考提供了方向，很好地激发了学生探究的兴趣和欲望。

2. 探讨研究

在提出了驱动问题"制作金属货币材料需要考虑哪些因素"后，同学们以小组为单位进行讨论、分工合作并制定计划。

片段一：学生讨论PHD探究思路

生1：首先，我们要搞清楚整个金属货币发展过程中，金属材料演变的具体顺序，比如什么时代出现了铜币、什么时代出现了铁币等。

生2：是的，而且在这个基础上，还需要查阅不同朝代冶炼技术的发展，比如什么时代出现了炼铜技术、什么时代出现了炼铁技术等。

生3：我有个疑惑，就是这些冶炼技术与当时朝代的兴衰是否有一定的联系，我们是不是也可以进行查阅？

生4：不管古代还是现代的金属货币在选择金属材料的时候，都考虑了哪些因素？我觉得也是一个值得思考的方向。

生1：没错，而且我觉得我们在具体查阅资料过程中，可能还会有其他的收获。

生3：那我们就具体分工一下每个人需要查阅的资料内容。

师：查阅的方式有很多种，比如可以利用网络，可以去新华书店看有关金属货币的书籍，当然也可以问老人，还可以去有关货币的博物馆了解一下。

学生在理清思路的过程中，教师适当进行点拨，比如提供查阅资料的方式以及有关金属货币的书籍（见图4-1-5），让学生可以深刻地感受到要解决一

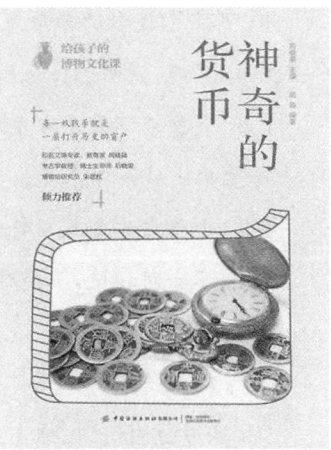

图 4-1-5：学生查阅资料和参考的书籍

个问题，思考的方向、细致的准备工作也是非常重要的，只有在具备了大量知识的基础上，才能对问题有更加深入的了解。

学生查阅了大量资料后发现，随着时代的不断发展、冶炼技术的提高，人们制作金属货币的材料有了更多的选择，从一开始的铜币、铁币、铅币到后来的铝币和镍币，以及贵金属金币和银元等。于是，学生选择了金属货币中的金属铜、铁、铝、镍及生活中常用的金属锌、镁作为研究对象，研究金属性质。并结合制作金属货币时需要考虑的因素，设计探究方案。

片段二：选择金属货币材料时需要考虑的因素

师：现在同学们已经明确了要研究的金属对象，那你们觉得人们在选择金属材料的时候还需要考虑到哪些因素呢？

生1：首先，金属的硬币要硬，不容易变形，重量不能太重，也不能太轻。

师：我们知道在铸造金属货币的时候，要将其加热熔化后，倒入模具中成型，也就是说，金属的熔点能不能过高？

生1：不能。

师：那我们现在的硬币能用打火机加热熔化吗？

生1：不能，说明选择金属的时候，熔点要适中。

生2：我发现不管是古币还是现代的硬币，在外观上的设计也是非常精致的，比如古币上就可以感受出古代书法的魅力，所以，我觉得要考虑美观。

生3：也要考虑金属材料的成本吧。

生4：不会对环境，不会对人造成伤害，不易生锈，抗腐蚀能力要好。

3. 探究实践

学生通过分组研讨、师生互动将探究具体方向确定为：对金属材料的性能和成本的研究。在教师的指导下，设计实验方案，进行实验操作，记录实验现象，进行分析讨论，最终得出实验结果，筛选出符合这些考量因素的金属。

（1）研究金属的物理性质。学生已经明确了需要考虑的金属物理性质有硬度、熔点、密度。于是，学生去查阅了金属铜、铁、铝、镍、锌、镁的相关物理性质，总结如下表（见表4-1-7）。

表4-1-7：金属物理性质的比较

	铜	铁	铝	镍	锌	镁
颜色	紫红色	银白色	银白色	银白色	银白色	银白色
状态	固态	固态	固态	固态	固态	固态
硬度	质软	质软	质软	质软	质软	质软
熔点/℃	1 083	1 535	660	1 455	419	650
密度/g·cm^{-3}	8.92	7.86	2.70	8.9	7.14	1.74

如果从密度角度考虑，金属材料的重量要适中，选择金属铜、铁、镍和锌比较合适；从熔点角度考虑，打火机温度可达700℃—800℃，所以选择金属铜、铁

和镍比较合适；但如果考虑硬度，发现这些金属质地都较软，都易变形，均不适合做金属货币材料，带着这样的疑惑，同学们继续探究金属的化学性质。

（2）研究金属的化学性质。由于学生对于化学性质并不了解，也没有掌握相关的化学知识，所以，这部分的实验均由教师引导，教师指导学生如何操作、如何实验、如何正确描述实验现象。学生需要研究的是不同金属的耐腐蚀性。（通过研究金属与氧气、金属与酸是否反应入手。）

首先，学生进行金属与氧气反应的实验(见图4-1-6)，用砂纸打磨金属表面后，用镊子夹取放在酒精灯上加热反应，仔细观察实验现象并进行记录(见表4-1-8)。

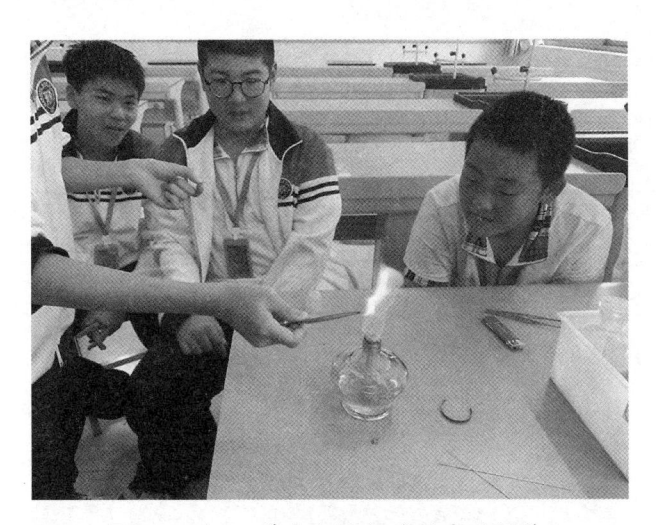

图4-1-6：学生加热铜片的实验操作

片段三：金属铝在空气中加热的实验

师：同学们看到了什么实验现象？

生1：金属铝熔化了，却没有滴落下来。

展示资料：酒精灯的最高温度可以达到700℃—800℃，金属铝的熔点是660℃，金属铝与氧气反应生成的产物氧化铝的熔点是2 025℃。

师：正是因为铝与氧气反应会生成熔点更高的氧化铝，所以才出现了熔而不滴的现象。此外,金属铝在常温下也能与空气中的氧气反应,形成一层致密的氧化铝保护膜,所以,铝耐腐蚀。

表4-1-8:金属在空气中加热的实验现象

金 属	实 验 现 象
铜	铜片表面变黑
铁	无明显现象
铝	熔而不滴
镍	无明显现象
锌	无明显现象
镁	发出耀眼的白光,放出热量,生成白色固体

实验发现,金属镁与空气中氧气反应剧烈,所以,金属镁并不适用。随后教师又引导学生进行金属与稀盐酸反应的实验。观察现象(见图4-1-7),比较反应的剧烈程度,记录实验现象(见表4-1-9)。

图4-1-7:学生观察实验现象并进行记录

表 4-1-9：金属与稀盐酸反应的实验现象

金属	铜	铁	铝	镍	锌	镁
实验现象	无明显现象	有少量气泡	有较多气泡	有少量气泡	有较多气泡	迅速产生大量气泡和热量

实验发现，金属铜不会与稀盐酸反应，金属镁与稀盐酸反应速率最快。得出金属铜的化学性质相对稳定，而金属铁和镍，虽然会与稀盐酸反应产生少量气泡，但是反应速率较慢，再考虑到这两种金属在空气中加热均不反应，因此金属铜、铁和镍可以作为制作金属货币的材料。

此外，教师还和学生一起完成了一个课外小实验。教师指导学生进行铁生锈的课外实验，运用控制变量的思想，设计实验方案并进行实验操作，记录铁生锈的现象（见图 4-1-8）。

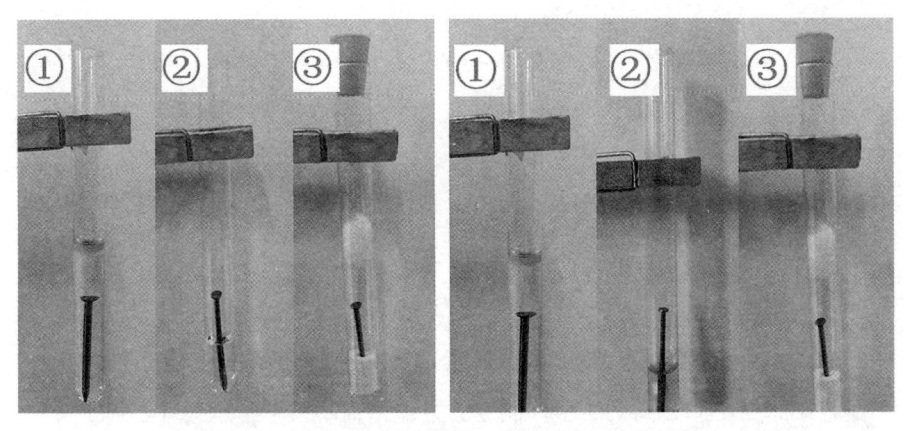

图 4-1-8：第 1 天和第 7 天铁生锈的实验现象

通过实验探究可以发现，第①和第②组实验说明，铁生锈与氧气有关，第②和第③组实验说明，铁生锈与水有关，从而证明铁在氧气和水同时存在的情况下会生锈。

（3）研究金属成本问题。查阅资料后，学生发现自然界中金属含量从大到小排序为：铝、铁、镁、镍、锌、铜。2020年金属年产量从大到小排序为：铁、铝、铜、锌、镁、镍。在了解不同金属工业冶炼方法和成本后，发现金属铁、铝、铜和锌适合做金属货币的材料。

4. 扩展探究

学生在探究了金属性质和成本后，发现如果只是考虑某一方面，都有合适的金属选择，但是将这些因素综合考虑之后，就找不到合适的金属了，研究到这一步时，学生产生了疑惑。

片段四：金属材料——合金的了解

生1：我们做了这么多实验，发现并没有那么"十全十美"的金属，那么金属货币又是怎么制作的呢？

生2：其实，早在一开始的时候，我们就发现了，比如古代铜币中并不是百分百的纯铜，还添加了其他金属。

师：是的，就像厨师炒菜一样，向其中加入调味品，不仅使菜的色、香、味更好，而且也会提高菜的营养价值。在金属中加热融合其他金属或其他非金属，形成的具有金属特性的，称之为合金。那么合金又有什么性能呢？我们继续进行探究。

生1：所以，金属货币并不是纯金属，而是合金制品。

学生在教师的引导下，明确了金属货币的材料是合金，将具有不同优越性能的金属加热融合，制得的合金性能也会更加的优越。学生紧接着了解了几种常见的合金：铁的合金——生铁和钢、黄铜合金、硬铝、钛合金。并且通过互相刻画黄铜合金和纯金属铜的实验，查阅焊锡以及武德合金和组成它们的纯金属熔点的资料，以及钛合金的应用，得到了合金的特性。

此外，学生通过实验和探究发现，正因为合金性能如此优越，生活中绝大部分的金属制品均为合金制品。明白了性质决定用途，明白了合金在人类发展过程中的重要作用,以及感受到了要更加奋发向上,研究出更多的合金来造福人类生活的社会责任感。

于是,学生在了解了合金知识的基础上揭开了人民币硬币材料的秘密。2019 年版第五套人民币除了外观的改变,最大的改变是将原来的钢芯镀铜合金的 5 角硬币改为钢芯镀镍合金,而 1 元硬币和 1 角硬币依旧为钢芯镀镍合金。

5. 成果制作与展示

学生在整个探究过程中,研究了金属的物理性质、化学性质以及产量成本,分析问题,明白物质性质到用途、性质与使用注意事项关联和研究一类物质性质的思路方法,至此,学生制作成果作品并进行展示(见图 4-1-9)。

图 4-1-9:学生制作成果及作品展示

6. 答辩与评价

学生在对成果作品进行讲解展示后,在教师的指点下,对课题有了更加深入的了解,在此基础上,学生制作 PPT 课件对金属货币材料的演变研究 PHD 课程进行汇报交流(见图 4-1-10)。教师则参照评价量规对 PHD 课程成果进行点评(见表 4-1-3、表 4-1-4),并让学生完成自我评价、同伴评价等内容,学生反思 PHD 课程学习过程,与教师进行沟通交流,最终评选出"南菁小博士"。

图4-1-10：学生进行PPT汇报

三、PHD课程反思

　　金属货币材料的演变研究的PHD课程学习从开展到基本完成历时两个半月，时间虽短，收获颇丰。金属货币材料的不断演变标志着国家的不断发展和富强，学生知道了不同金属的性质，明白了性质决定用途，了解了合金在人类发展过程中的重要作用，以及感受到了要更加奋发向上，研究出更多的合金来造福人类生活的社会责任感。

　　从总体上看，本次PHD课程的实践还算顺利，无论对于教师还是学生，都收获了很多经验和提高了探究问题的能力。

　　对于学生而言，学生从最初毫无具备PHD课程学习的经验，到投入到PHD课程学习探究中去，再到制作成果、汇报及评价，同学们可以互相配合，明白团队协作的重要性，在小组讨论和分工合作中最终完成了PHD课程探究。本次PHD课程将化学、物理、历史、语文、美术学科的知识融合，学生在真实问题解决的体验过程中有了更加严谨的思维方式,认识到研究金属材料的一般思路和方法,明白了性质与用途之间的关系;增强了搜集、分析和运用信息的能力;提高了语言沟通能力和书面表达能力;强化了感受美和创造美的能力。在驱动问题解决的过程中,学生学会多角度思考问题,明白了金属材料的发展对于人类生活甚至是社会发展的影响,在加强学生学科知识以及拓展视野的前提下,激发了学生为美丽中国读书的动力。

对于教师而言,开展PHD课程学习是挑战也是机遇。在探究过程中,教师真正实现了将课堂还给学生,让学生真正成为课堂的主人,将学生置于问题之中,而教师起到引导和指导作用,学会相信学生,放手让学生自主探究。但是,在PHD课程的背后,也需要教师对于知识的深度和广度有高要求,和学生一起学习、一起成长。

但是,通过此次PHD课程探究,我们也意识到一些需要改进的地方。一是对PHD课程的评价要求应更明确具体。让学生充分了解相关评价细则,学生在明确了评价标准后,对于整个PHD课程探究的方向就有一定的指导意义。而且要重视评价,培养学生在整个小组合作过程中对自己和他人的评价、总结和反思的能力。二是对PHD课程学习的引导应更细致化。PHD课程和平时课堂学习还是有所不同的,比如教师和学生在其中的角色,对教师和学生的要求等。在这次PHD课程学习中,学生并未很好地调动热情,在探究过程中学生处于摸索的适应阶段,如何让学生快速适应学习方式的改变,教师如何真正发挥作用,是值得思考的。

(撰稿人:曹梦洁)

【PHD课程8】 火药的发明与世界文明的进程

表4-2-1：PHD课程概览

PHD课程名称	火药的发明与世界文明的进程		适用年级	七年级
类型	跨学科课程		PHD课程时	6课时
涉及学科	历史、化学			
PHD课程简介	历史是人文社会科学中的一门基础课程，对学生的全面发展和终身发展有着重要的意义。在新一轮的课程改革中，课标指出"历史课程改革应有利于学生学习方式的转变，倡导学生积极主动地参与教学过程，勇于提出问题，学习分析问题和解决问题的方法，改变学生死记硬背和被动接受知识的学习方式；历史课程改革应有利于教师教学方式的转变，树立以学生为主体的教学观念，鼓励教师创造性地探索新的教学途径，改进教学方法和教学手段，组织丰富多彩的教学实践活动，为学生学习营造一个兴趣盎然的良好环境，激发学生学习历史的兴趣；历史课程改革应有利于建立促进学生全面发展、激励教师积极进取的评价机制，历史教学评价应以学生综合素质为目标，采用灵活多样的评价方法，注重学生学习过程和学习结果的全程评价，充分发挥历史教学评价的教育功能"。如何改进学生学习历史的方式、激发学生学习历史的兴趣？对此，我校学科组教师和学生共同设计出有关历史学科拓展学习的PHD课程——"火药的发明与世界文明的进程"学习方案。			
核心问题	本质问题	四大发明是我国成为四大文明古国的标志性成就，其中火药的发明对世界文明的进程产生了怎样的影响？		
	驱动问题	我国古代的火药是怎样问世的？它是如何向外传播的？最终产生了怎样的影响？		

续 表

学科目标		1. 通过查找火药发明过程中的相关史实,了解火药的诞生过程及其影响,丰富课外历史知识。 2. 通过演绎火药的发明过程,探究火药发明的影响,撰写相关论文,提高论文写作能力,提高语言表达能力、情景剧表演能力和团结合作能力,提高发现问题和解决问题的能力等。 3. 通过深入了解中国古代科技文化的影响,加强对祖国文化的认同感,培育爱国主义情怀。
关键能力		通过了解火药的诞生过程,提高文献的查阅能力和材料的归纳能力;通过演绎相关历史故事,提高情景剧表演能力;通过撰写历史小论文,提高论文写作能力;通过参与辩论会,提高语言表达能力和辩论能力。
PHD课程成果	产品形式	火药知识介绍(PPT)、情景剧表演、历史小论文、辩论会
	展示方式	科普知识介绍、小论文写作、课堂辩论
学习评价	过程评价	根据学生在PHD课程中能否找到相关史实并完成对问题的探究,是否积极参与PHD课程学习、制定PHD课程实施的计划并按时完成,是否与小组成员相互协作等方面,制定评价量表,由自评、小组评、师评三方共同完成评价。
	结果评价	在问题探究的过程中是否找到相关的史实资料、情景剧的演绎是否与问题有关、历史小论文的写作是否围绕主题、辩论赛是否论从史出等,根据学生在PHD课程学习过程中的综合表现评出3~5名菁园小博士。
PHD课程资源		1. 网络资源和相关文献资料的查阅。 2. 指导教师对PHD课程实施过程中理论加实践的指导。 3. 情景剧表演所需的道具。

一、PHD 课程启动

(一) 背景分析

　　进入 21 世纪以来,我国在航天事业的发展方面取得了举世瞩目的成就,且由于地球环境不断恶化,在太空中寻找适合人类居住的环境以便于人类迁居成为全人类越来越关注的问题。人类的航天梦是从何时开始的？航天事业的发展与人类的哪项科技成果有关？作为一名 21 世纪的青少年,我们应该关注人类未来命运的发展,应该为祖国航天事业的发展作出自己应有的贡献。

　　众所周知,航天事业的发展与我国古代的火药发明有关,而火药诞生于我国隋朝时期,唐末就开始用于军事,我国明代就有一个名叫万户的人想借助火药的力量实现"飞升"的梦想,在我国 1 000 多年的历史发展中,火药技术经历了怎样的发展？我国的火药又是如何传到欧洲去的？火药技术传到欧洲以后对欧洲的文明进程产生了怎样的影响？今天的人们又是如何把火药技术用于航天工业的发展？初中历史课本中对这些知识的涉及只是很少部分,许多学生想一探究竟,由此,我们提出历史拓展课程的研究性 PHD 课程——"火药的发明与世界文明的进程"。

(二) 学情分析

　　七年级学生身上还保留着小学生的幼稚特点,对刚刚接触到的新学科充满着好奇,由此也产生了强烈的学习参与意识,而我们历史学科的学习内容图文并茂,且具有一定的故事性,所以非常符合七年级学生的学习特点。而且,通过我们平时的课堂教学也发现,七年级学生的课堂参与欲很强,遇到不解之处还喜欢刨根究底,所以,45 分钟的一堂课往往不能满足学生的求知欲,这就需要给学生提供自主学习和问题探究的平台,由此,不仅能满足学生对知识的渴求,也通过研究性学习激发学生的学习兴趣,提高学生学习历史的各项能力,最终提升学生的历史核心素养。

(三) 学科目标

《初中历史课程标准(2016)》第三部分"内容标准"关于"我国古代四大发明"有这样的学科要求：了解"四大发明"，认识中国古代科技发明对世界文明发展的贡献。在正常的课堂教学过程中，学生只能了解到"火药是我国古代炼丹士发明的"、"火药在唐末开始用于军事"、"火药在我国宋元时期被广泛运用于军事"、"四大发明后来由阿拉伯人传到欧洲等地"等相关知识，通过课堂学习，学生能了解到火药在我国古代的诞生及运用，了解到火药是由我国发明并传向世界的史实。我们引导学生进行"火药的发明与世界文明的进程"这一PHD课程学习，就是想通过引导学生的自主学习，不仅了解到火药在我国诞生过程中的相关史实，同时也了解到火药的诞生对世界产生的深远影响，由此提高学生的文献查阅能力和合作探究能力，产生对我国古代文化的认同感，进而培养学生的民族自豪感。

(四) 学习工具设计及其评价

1. 设计学习工具

在PHD课程学习活动中，如何指导学生参与PHD课程活动，实时给予学生帮助是非常重要的。因此，我们根据不同课时的学习目标设计了PHD课程学习单，如：第一课时主要学习目的是了解火药在我国的问世情况，我们设计了课前调查表，围绕我国古代的火药是怎样问世的及我国古代的火药成分有哪些展开文献搜索，在课堂学习的过程中完成"认识我国古代火药"(见表4-2-2)。为了使学生了解我国古代火药的发明对世界文明进程的影响，我们又设计了课前调查表，引导学生对现代火药的问世过程进行调查，在课堂学习过程中完成"现代火药的问世及发展"(见表4-2-3)。

2. 检核学习成果

在学生完成PHD课程学习的过程中，对学生的完成情况，要给予合理的评价，才能促使学生更积极、有目标地去完成PHD课程活动。在PHD课程学习完成之后，我们设计了PHD课程学习评价量表作为学生PHD课程完成的考核(见表4-2-4)。

表4-2-2:"认识我国古代火药"调查表

课前调查:众所周知,火药是中国古代的四大发明之一,火药的发明对世界文明的进程产生了深远影响,那么,我国古代火药的发明过程中有哪些鲜为人知的故事呢?古代火药的成分又是怎样的呢?你知道的故事(看谁了解到的故事多):
1. _____ 2. _____ 3. _____ 4. _____ 5. _____
6. _____ 7. _____ 8. _____ 9. _____ 10. _____

古代火药的成分
1.
2.
3.
4.
5.

表4-2-3:"现代火药的问世及发展"调查表

课前调查:现代火药和我国古代火药之间有着怎样的联系呢?在现代火药的问世和发展过程中,发生了哪些故事?现代火药的成分在不同发展阶段有着怎样的变化呢?你知道的故事(看谁了解到的故事多):
1. _____ 2. _____ 3. _____ 4. _____ 5. _____
6. _____ 7. _____ 8. _____ 9. _____ 10. _____

现代火药的不同发展阶段	火药成分的变化
1.	
2.	
3.	
4.	
5.	

表4-2-4："火药的发明与世界文明的进程"PHD课程式学习评价量表

PHD课程学习成员_____   综合评定等第_____

等第 项目	A	B	C	学生自评	组内互评	教师评价
完成表格学习	能够找到许多相关知识和故事	能找到部分相关知识和故事	基本没有找到相关知识和故事			
制作PPT	独立完成PPT制作，且内容完整	合作完成PPT，质量不佳	没有制作PPT			
情景剧排练	积极参加排练，参与剧本编排	参与排练	没有参与排练			
情景剧表演	能积极参与情景剧的排演，在情景剧表演过程中能担任重要角色，且表演精彩	能积极参与情景剧表演	基本没有参与情景剧表演			
论文写作	能围绕主题写作，且论证过程明显	能围绕主题写作	没有围绕主题写作			
辩论赛	辩论赛过程能担任主辩，辩论过程中表现出色	能积极参与辩论	辩论赛过程中很少发表观点			

为了推进PHD课程学习有序进行，使学生的学习更具目标性、循序性，我们制定了整个PHD课程推进的流程图，让PHD课程实施过程清晰有序（见图4-2-1）。

图 4-2-1：PHD 课程流程图

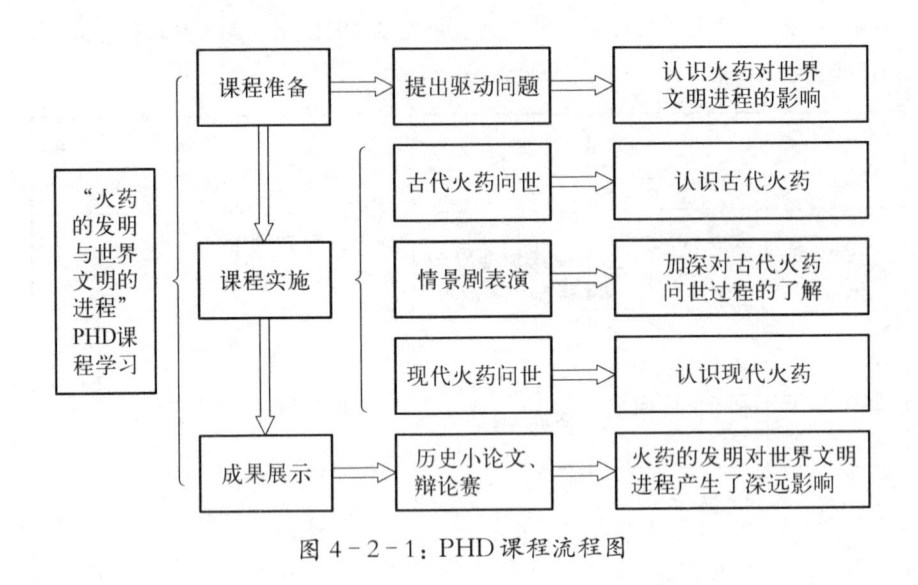

二、PHD 课程实施

为了完成"火药的发明与世界文明的进程"这一 PHD 课程的学习,我们引导学生首先通过查阅文献资料了解我国古代火药的问世情况,通过 PPT 展示他们的学习成果,并通过"角色扮演"演绎他们在查阅文献过程中了解到的生动有趣的历史故事,再通过撰写历史小论文的方式总结"火药的发明与世界文明的进程"之间的关系,最后通过辩论赛论证"我国古代火药的发明极大地推动了世界文明的进程"。

(一) 文献查阅

PHD 课程学习的落实必须通过课堂学习活动去实施,而课堂学习活动的效果直接决定了学生 PHD 课程学习的完成度。为体现历史课的专业性,在进行教学设计时,得到了学科组教师对 PHD 课程课时设计的细致指导,力求在轻松愉快的课堂氛围中完成学习。在 PHD 课程学习过程中,我们首先要求学生依托网络平台和文献资料(见图4-2-2),借助PHD课程学习工具(见表4-2-1和表4-2-2)找到我国古代火药问世的相关轶事、古代火药的化学成分、现代火药的问世及发展、现代火药的化学成分等相关资料。对于七年级学生来说,所有这些问题都极具挑战性,在查找资料的过程中还能发现其中的趣味性,同时,学生在研究这个问题的过程中,他们的资料检索能力、归纳分析问题的能力都得到了相应的提高。

图4-2-2:学生查阅文献

(二) 分享交流

学生借助 PHD 课程学习工具(表 4-2-2 和表 4-2-3)通过查阅文献和网上检索，找到了我国古代火药问世的相关轶事、古代火药的化学成分、现代火药的问世及发展、现代火药的化学成分等相关资料，我们依据两张表格的内容，把学生分成两大组进行分享交流，要求学生把资料做成 PPT，在课堂学习活动过程中进行交流(见图 4-2-3)。通过分享交流，学生逐步明确 PHD 课程学习的目的，通过教师的指导，学生的 PPT 制作水平也得到了相应的提高(见图 4-2-4、图 4-2-5、图 4-2-6、图 4-2-7)。

图 4-2-3：学生展示学习成果图

图 4-2-4：学生制作的 PPT(1)　　图 4-2-5：学生制作的 PPT(2)

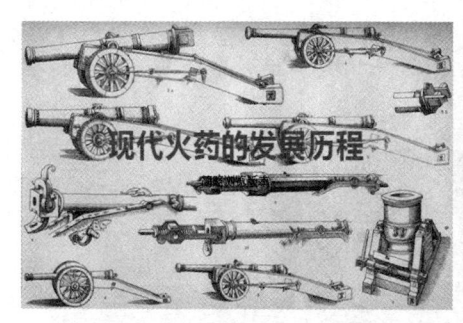

图 4-2-6：学生制作的 PPT(3)　　图 4-2-7：学生制作的 PPT(4)

（三）角色扮演

为使 PHD 课程化学习更具生动性、趣味性，我们依据文献查阅的结果，引导学生进行情景剧的表演。历史情景剧的表演需要设计角色扮演、道具准备等，只有进行了充分的准备工作，才能使剧情表演更具观赏性，因此，我们在展示情景剧之前作了明确的任务分配，把学生分成四大组来进行准备工作（见表 4-2-5）：

表 4-2-5：历史情景剧的演职员分配

剧组分配	各剧组任务
导演组	完成各情景剧的编排工作
演员组	熟练台词、角色酝酿
场务组	安排好各幕演员出场工作
道具组	准备好各幕情景剧所需道具

根据学生文献查阅的结果，我们设计了《秦始皇的"万岁梦"》、《唐太宗错服丹药而崩》、《隋末炼丹士发明火药》、《李纲退金兵》、《万户飞升》、《诺贝尔发明现代炸药》共 6 幕情景剧的表演（见图 4-2-8）。学生分组讨论和排练每一个剧本（见图 4-2-9），并认真进行表演（见图 4-2-10）。通过情景剧的表演，学生了解到我国古代火药问世和现代火药问世过程中的相关轶事，同时在这个过

程中学生的语言表达能力、材料组织能力、剧本编写能力和舞台剧道具准备能力都得到了相应的提高。

秦始皇的"万岁梦"　　　唐太宗错服丹药而崩　　　隋末炼丹士发明火药

李纲退金兵　　　万户飞升　　　诺贝尔发明现代炸药

图4-2-8：情景剧剧目

图4-2-9：学生分组进行剧本讨论和排练

(四) 撰写小论文

学生围绕"火药的发明与世界文明的进程"进行论文写作，在此过程中，学生努力通过文献查阅找到相关文献资料对自己的论点进行论证，通过写作，学生了解到了相关史实，完成了对论文写作的初次尝试（见附录），也为接下来的

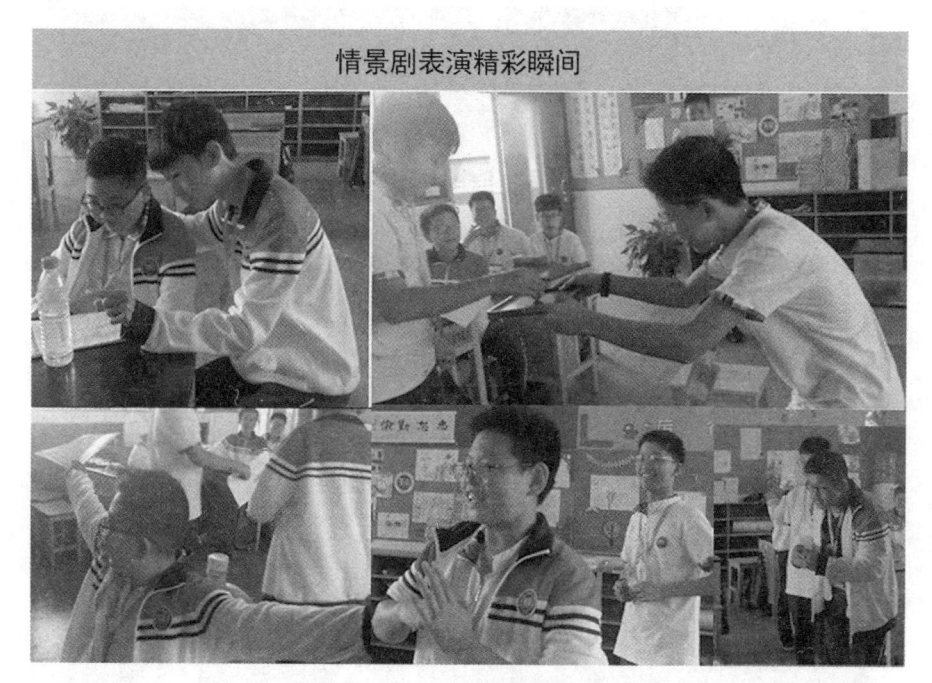

图 4-2-10：学生表演情景剧

辩论赛打下了基础。

对于七年级学生来说，论文的写作是之前没有接触过的，在教师的指导下完成写作，学生能获得成就感，同时又颇具挑战性和尝试性。

在学生完成论文写作后，我们让每一位学生上讲台介绍自己的论文（见图 4-2-11），教师作及时点评。通过写作论文和教师点评，学生对于怎样写作论文有了一定的了解，同时通过写作论文，学生对于"火药的发明"与"世界文明的进程"之间的关系有了较清楚的认识。

（五）辩论赛

辩论赛围绕"中国古代火药的发明是否对世界文明的进程产生了重要影响"展开辩论，由此我们把学生分成正方和反方两组进行辩论，各成员明确分工职责（见表 4-2-6）：

图4-2-11：学生进行论文交流

表4-2-6："中国古代火药是否对世界文明进程产生了重要影响"辩论赛

正方		反方	
辩手	职　责	辩手	职　责
一辩	摆事实、讲道理，论证中国古代的火药发明对世界文明的进程产生了重要影响。	一辩	反驳对方观点，认为中国古代发明的火药对世界文明进程没有影响。
二辩	^	二辩	^
三辩	^	三辩	^
四辩	^	四辩	^
五辩	^	五辩	^
其他同学分成正方和反方阵营成员，在辩论过程中可补充发表自己的观点，帮助自己一方打败对方。			

辩论赛把本次PHD课程学习推向了高潮,也起到了最终结题的作用。辩论围绕"火药的发明是否对世界文明的进程产生了深远影响"展开,分正反两方进行辩论,学生在论文的基础上继续查寻资料为论述自己的观点作准备,尤其是反方代表要重新查找资料论证自己的观点,辩论过程中学生分角色进行辩论,据理力争(见图4-2-12),辩论过程十分精彩,我们江阴融媒体中心对此进行了全程采访并作专题报道(见图4-2-13)。

图4-2-12:学生进行激烈辩论　　图4-2-13:学生接受融媒体采访

四、PHD课程反思

(一) PHD课程学习设计层层推进、设计合理

本次PHD课程学习的主题是"火药的发明与世界文明的进程",众所周知,火药是我国古代的四大发明之一,我国古代火药是怎样问世的?在此过程中还有哪些鲜为人知的故事?我国古代火药的发明对世界文明的进程又产生了怎样的影响?要解决这一系列的问题,首先我们要了解我国古代火药的问世过程,因此我们首先让学生完成"认识我国古代火药"调查表和"现代火药的问世

及发展"调查表,两张表格的完成不仅使学生了解到了我国古代火药的问世情况,了解到了现代火药的问世及发展情况,也了解到了在火药诞生过程中发生的历史故事,同时还了解到了一些化学知识。而历史情景剧的表演则进一步激发了学生的学习兴趣,加深了学生对历史的了解。历史小论文的写作,不仅提高了学生的史料收集能力,提高了学生的论文写作能力,也为接下来的辩论赛积累了素材。辩论赛最终把本次 PHD 课程学习推向了高潮,学生在此过程中获得了巨大的成就感,由此给今后的历史学习带来了积极的影响。纵观 PHD 课程学习的各个过程,可谓层层推进、环环相扣,设计非常合理。

(二) PHD 课程评价促成长,学生学习有动力

在 PHD 课程实施的过程中,我们在每个学习环节都关注对学生的学习状态的了解,在学生填写调查表时,我们学科组的教师都确定帮助对象,对于学生在填写过程中遇到的困难,我们都及时地给予指导。在学生论文写作的过程中,我们也给学生提供了指导性的意见,并引导学生反复修改。在学生演绎情景剧的时候,我们根据学生的特点,因人而异分配不同的任务,这样,就使学生在表演剧情过程中都能找到适合自己的角色和任务,从而产生成就感,每位学生的学习主动性就得到了充分发挥。在辩论赛的过程中,学生也都能据理力争,通过参加辩论,使自己的语言表达能力、逻辑思维能力等得到了提高。通过多元化的评价方法和合理的任务分配学习,让每一位学生在 PHD 课程学习的过程中都"大展身手"。

(撰稿人:阚国健)

附录：学生小论文

火药的发明与世界文明的进程

葛启睿

火药是中国古代四大发明之一，它不仅在战争武器的发展史上引发了一场声势浩大的革命，而且对于整个人类社会的进步、发展都产生了极其广泛而深刻的影响。

火药是在炼丹时发现的，公元8—9世纪，炼丹士已经知道将硫磺、硝石、木炭一起燃烧时，会发生剧烈的反应，在唐朝时期，就发明了以这些物质为原料生产的黑色火药，并运用到军事上。到了宋朝，人们将火药装填在竹筒里，发明了世界上第一种火药武器——火箭，之后又发明了火枪和枪，这些都在战争中起到了很大的作用。唐哀宗天祐元年，郑璠进攻豫章，就是应用了"火炮"、"火箭"之类的火药武器才能获胜的。

火药发明以后，最晚到10世纪时，我国已经开始用火药来制造热兵器，包括炸弹、火焰喷射器、葫芦飞雷、火铳、地雷等。这些武器，在当时的战争中发挥了巨大的作用。

唐末宋初开始出现了火药火箭和火药火炮。宋真宗时的神卫水军队长唐福和冀州团练使石普，曾先后分别在皇宫里做了火箭、火球等新式火药武器，受到宋真宗的嘉奖。

从此，火药成为宋军必备装备。北宋朝廷在首都汴京建立了火药作坊，是专门制造火药和火器的官营手工业作坊。

金世宗大定年间，阳曲北面的郑村有个以捉狐狸为业的人，名字叫铁李，他制造了一种陶质的下粗上细的"火罐炸弹"，把火药装入罐内，在上面的细口处安装上引信。这种"火罐炸弹"并不如现在的炸弹的杀伤能力，仅是制造轰鸣声。猎人在捕野兽时点燃引信，"火罐炸弹"爆炸发出巨大声响，把野兽吓得四处乱窜，有的就会跑入猎人预设的网中。这种"火罐炸弹"，就是现代金属炸弹的雏形。

1779年,英国化学家E·霍华德发明了雷汞,又称雷酸汞。它是一种起爆药,用于配制火帽击发药和针刺药,也用于装填爆破用的雷管。

1807年,苏格兰人发明了以氯酸钾、硫、碳制成的第一种击发药。1838年,T·J·佩卢兹首先发现棉花浸于硝酸后可爆炸。1845年德国化学家C·F·舍恩拜因将棉花浸于硝酸和硫酸混合液中,洗掉多余的酸液,发明出硝化纤维,即火棉。

1860年,普鲁士军队的少校E·邻尔茨用硝化纤维制成枪、炮弹的发射药,俗称棉花火药,至此硝化纤维火药取代了黑火药作为发射药。

1846年,意大利化学家A·索布雷把半份甘油滴入一份硝酸和两份浓硫酸混合液中而首次制得硝化甘油,硝化甘油是一种烈性液体炸药,轻微震动即会剧烈爆炸,危险性大,不宜生产。

第一次世界大战前后,为满足战争的需要,火炸药的制造摆脱了旧的作坊式生产而成为间歇式的工业生产。产品种类增多,产量有了大幅度提高,1900年接触法制造发烟硫酸成功,为工业生产火炸药所需的硝硫混酸提供了原料,使1891年C·郝泽曼研究的三段硝化法,有可能在1901年将TNT的生产加以改进,1901—1906年逐渐完善了硝化甘油的间接法生产工艺,使之达到工业化的程度。1902年,德国人首先用TNT取代苦味酸以装填炮弹,成为第一次世界大战中最主要的炸药。1906年鉴定出特屈儿为猛炸药,可做传爆药用。此外,在第一次世界大战期间也出现了许多代用炸药作为TNT的补充,用于装填炸弹、迫击炸弹和手榴弹等。

火药的发明使世界从冷兵器时代进入热武器时代。火药的发明促进了世界的融合,交流和发展也带动了文明的相互交流和促进。

火药的发明对世界文明进程的影响

包明畅

火药历经了千百年光影浮华的历史,从古代中国的黑火药到如今德国的强力黑索今,变换了数种形态。有火药可载的历史上,几乎所有重大的事件都伴随着火药的爆炸声,对世界文明的进程产生了巨大的影响。

一、火药加快了封建王朝的衰落进程,促进了新文明的诞生

公元 1257 年,元世祖的不灭神话被叙利亚人彻底击破。这群高鼻梁白皮肤的异族人,好奇地拆解了蒙古的火器装备,在彻底掌握了技术以后,他们又和欧洲人再度燃起战火,这成为了火药向西方传播的重要节点,他们从而又在这片辽阔土地上的封建主义的衰落中起到了不可替代的重要作用。

拿着火枪经过简单训练的平民就能轻松地杀死受过专业训练的长枪骑士,诚如西方军事学家富勒所说:火药的使用,使所有的人变得一样高,战争平等化了。骑士阶级再也无法在平民头顶肆虐,石墙砖瓦也无法抵挡反抗者的攻势。于是黑火药就此炸毁了维多利亚式雍容华贵的城堡,炸出了欧洲一片璀璨的新未来。

二、火药令战争模式得以发生质的改变,由以前的冷兵器时代变为了热兵器时代

蒙古军队中曾经有使用投石机的"炮手军"等部分,后来渐渐还成为了攻城的主要力量,起到了在当时不可或缺的作用,弑杀了许多的宋朝平民。

公元 1234 年,蒙古军队在对金朝烧杀抢掠后,从军营中寻到了大批的火器与工匠。第二年,他们再度远征欧洲,在与日耳曼人的战斗中,这批被缴获的火器替代了之前的冷兵器,势如破竹地横扫整个东欧平原,给敌人留下了深刻的印象与感受。

三、火药促进了各大陆的人类交流

火药传入欧洲后,大大推进了欧洲军事技术。例如德国人就发明了一种较小的铜炮装备在船舷上,能发射咆哮的铁丸,击毁以往无法触及的船只,彻底改变了海上战争的模式。

海战由人与人的刀剑战转变成了火器与火器的远程大战,有了火药的底气,海上探险与航行成为广为人知的平凡事件,吸引了一位位包括哥伦布在内的勇士前往蔚蓝大海。于是火药就此搭乘着船只,驶向了另外的文明,驶向了

崭新的世界。

火药让广得民心的主席替代了腐朽的皇帝，火药让轰鸣的枪炮替代了锈迹斑斑的刀剑，火药让各大陆的人民连接起来，造起了一个灿烂辉煌的地球村，它对世界文明的进程产生了不可或缺的重要影响。

火药的发明对世界的影响

江正楠

大约在二千多年前汉朝的时候，炼丹师们在炼丹时，无意间发明了火药，我们的古人用它来制作鞭炮、火炮、火铳、鸟铳和炸弹，火药不仅改变了中国，更改变了整个世界。

公元 8 世纪或 9 世纪，我国的炼丹术传到了阿拉伯。可能就在这个时候，火药的主要原料——硝石，也传到了阿拉伯和波斯等地。南宋时候，中国和阿拉伯国家交往频繁，火药的制造方法可能就是这个时候传过去的。

到了 13 世纪，蒙古和中亚的阿拉伯国家交战，曾经使用了很多武器。在作战中间，火器和它的制造方法，也传到了这些国家，又从阿拉伯国家传到了欧洲各国。在中古时期，有些欧洲人翻译阿拉伯文书籍，从这些书籍里，欧洲人学到了关于火药的知识。

公元 14 世纪，在西班牙、意大利和地中海的各岛上，阿拉伯国家和欧洲国家发生过多次战争。欧洲国家在战争中知道了火药武器的威力，便加紧学习制造火药武器的方法，到了 15 世纪，欧洲国家也造出了用火药发射的大炮。

欧洲人在 13 世纪对阿拉伯人的战争中学会了从中国传去的制造火药和火药武器的方法，真正用于战场是 14 世纪的事情了。火药的发明，改变了中世纪的战争模式，对中国火药的西传，恩格斯是这样评价的：火器的采用，不仅对作战方法本身，而且对统治和奴役的政治关系起到了变革作用。

当然，火药和火器的采用决不仅仅是服务于战争，而更是服务于工业的，也就是经济的进步。也正是由于火药的广泛使用，才使大规模的矿产开采成为可能,才有近代的矿冶业,从而推动了近代工业的长足进展。正是在这个意义上说,火药改变了世界的面貌。

火药,这一古老的中国发明,它改变了世界,推动了人类文明的发展,它当之无愧是我们国人的骄傲。

火药的发明与世界文明的进程

金玺妍

火药是我国古代的伟大发明之一,在历史上不但极大地推动了我国经济社会的发展,而且传至西方,对世界的文明进步也做出了难以估量的贡献。

火药发明以后,到10世纪时,我国已经开始用火药来制造热兵器,包括炸弹、火焰喷射器、葫芦飞雷、火铳、地雷等。这些武器,在当时的战争中发挥了巨大的作用。唐末宋初开始出现了火药火箭和火药火炮。宋真宗时的神卫水军队长唐福和冀州团练使石普,曾先后分别在皇宫里做了火箭、火球等新式火药武器,受到宋真宗的嘉奖。从此,火药成为宋军必备装备。大炮和火枪在宋代中国火药的军事运用已经相当成熟,使得中国的科技遥遥领先于世界。

火药在13世纪时传到阿拉伯国家,阿拉伯和波斯把制造火药的硝称为"中国雪"。火药和火药武器传入欧洲,"不仅对作战方法本身,而且对统治和奴役的政治关系起了变革的作用",就这样,从中国传来的火器导致军事方面的革命,火器改变了战争规则,传统的盔甲骑士不再可靠,军事上的变化引发相应的政治以及经济组织的变革,成为后来欧洲社会革命的先声。

从中国古代火药到西方将火药改良,推进了世界历史和人类文明的进程。恩格斯曾高度评价了中国在火药发明中的首创作用:"现在已经毫无疑义地证实了,火药是从中国经过印度传给阿拉伯人,又由阿拉伯人和火药武器一道经过西班牙传入欧洲。"火药除了军事上的作用,现在更多在民用方面体现它的巨大价值,现代生活中多应用于开矿、修路、探索宇宙等诸多方面,对社会发展起到很大作用,持续推动着人类文明的变革与发展。

第五章
主体的团队性和指导的灵活性

PHD课程是基于团队学习而开发设计的课程,需要若干人合作才能完成。学生根据对各个项目任务书的阅读,依据自己的兴趣主动选择组成团队,并根据任务书的安排,进行自我分工与合作,以及自我考核与评价。教师以合作者和评价者的身份出现,在学生需要帮助时,以合作者的身份参与其中,并根据实际问题采取灵活多样的方式进行指导,切忌替代与包办。引导学生经历探索研究的过程,在探求知识的过程中共同成长。

【PHD 课程 9】 基于图像视角的菁美校园文化研究

表 5-1-1：PHD 课程概览

PHD 课程名称	基于图像视角的菁美校园文化研究	适用年级	七年级
课程类型	跨学科课程	课程时长	7 课时
涉及学科	信息技术、语文、美术		
课程简介	图像是生活中最常用的信息载体，与文字相比更具生动性。所有具有视觉效果的画面都是图像，包括纸上绘制的、相机拍摄的、计算机制作的等。校园文化包括校园的建筑景观、活动仪式等显性文化，还包括校风、校训、育人理念等隐性文化。如何以图像形式展现校园文化呢？我校信息技术组教师和学生共同设计本学科 PHD 课程——"基于图像视角的菁美校园文化研究"。本课程将学校文化融合于图像之中，以"图"为媒，展现校园文化。PHD 课程实践过程中，学生理解校园文化并自主设计制作丰富多样的图像产品，个体的信息获取、动手实践、沟通协作等能力有较大提升，文化自信感增强。			
核心问题	本质问题	如何使校园文化可视化？	
	驱动问题	校园文化是什么？我校的校园文化有什么？如何用图像展现校园文化？如何拍摄图像？如何加工图像？如何用计算机制作图像？	
学科目标	能够根据方案需求，从多种渠道获取信息并进行筛选和评价；掌握获取图片的途径和方法；学会使用数码相机；能够使用一种专业的图片加工工具处理图片，实现简单的艺术效果。关注与菁园文化密切相关的图像信息，学会利用图像展现校园文化。			

续 表

关键能力		信息获取、存储、加工、表达、发布的能力
课程成果	产品形式	思维导图、手绘地图、校园吉祥物设计图、摄影作品
	展示方式	成果汇报活动、菁美校园文化展
学习评价	过程评价	《PHD课程团队协作能力评价量表》
	结果评价	《PHD课程成果汇报活动表现评价量表》、《PHD课程学习学生参与评价量表》

一、PHD课程启动

为了推进PHD课程有序进行，使学生的学习更具目标性、实效性，本课程制定了整个PHD课程推进的流程图，让课程实施过程清晰有序（见图5-1-1）。

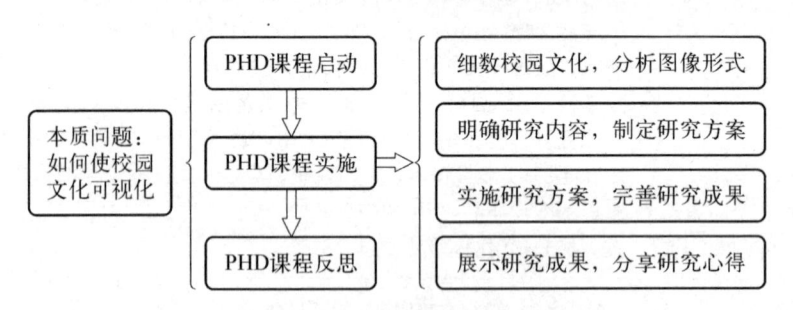

图5-1-1：PHD课程流程图

（一）背景分析

《江苏省义务教育信息技术课程指导纲要》指出，义务教育阶段信息技术课程是一门以培养学生的信息素养为主要目标、以综合实践活动的一个学习领域作为课程形态的必修课程，应当贴近学生的生活，应当充分利用学生生活中的资源、题材和范例组织学生的信息技术学习活动。校园文化便是最宝贵的资源。如何使校园文化"可视化"？我们可以结合摄影、绘图、图像加工等方式实现,让学生通过摄影的镜头记录校园之美,用手中的画笔呈现校园之美,深入体会校园文化,并以图像形式展现校园文化。

(二) 学情分析

在七年级新生入学时,学校会开展本校特色活动——"印象南菁",组织参观校园,讲解校园历史文化,学生将以文章、小报、摄影、绘画等形式记录自己对菁美校园的初印象。

初中阶段的信息技术课程的目标在于使学生信息技术基础知识和应用技能得到协调的提升,认识信息技术的价值并初步形成积极而健康的态度。本课程一方面能够提升学生获取信息、加工信息、表达信息的能力,另一方面也能培养学生的审美情趣。

(三) 学习工具设计及其评价

1. 设计学习工具

(1) 校园文化思维导图。

教师引导学生以"校园文化"为主题,从呈现方式上延伸出两条分支,即"显性文化"和"隐形文化",发散思维,绘制思维导图,梳理校园文化(见图 5-1-2)。

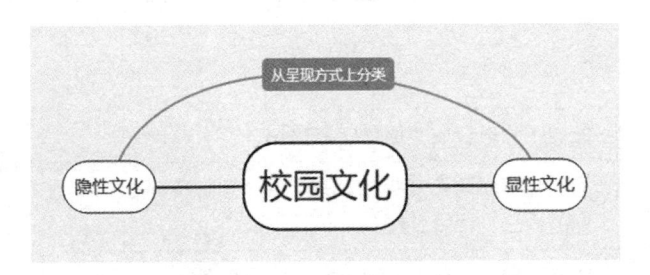

图 5-1-2:校园文化分类

(2) 研究方案。

厘清校园文化后,教师指导学生制定研究方案。研究方案包括研究内容、研究准备、研究计划、小组成员分工、预期成果等(见表 5-1-2)。

表 5-1-2：研究方案

本质问题	如何使校园文化可视化
研究内容	按照"显性文化"和"隐性文化"梳理探究校园文化
研究方案	研究准备 研究计划 小组成员及分工 预期成果

2. 检核学习成果

PHD课程的实践过程中，教师对学生的完成情况，要给予合理的评价，才能促使学生更积极、有目标地去完成课程活动。在PHD课程的前、中、后三个阶段，我们采用诊断性评价量表《PHD课程学生自我能力评价量表》(见表5-1-3)掌握学生能力状况，采用形成性评价量表《PHD课程团队协作能力评价量表》(见表5-1-4)把握学生团队协作过程，采用终结性评价量表《课程成果汇报活动表现评价量表》(见表5-1-5)对学生PHD课程结果进行恰当评价。

表 5-1-3：PHD课程学生自我能力评价量表

评价指标	评价内容	自我评价		
		3分	2分	1分
认知能力	能够正确地获取并提炼所需信息			
思维能力	能够从不同的角度提出问题，并考虑解决问题的方法			
实践能力	能够根据自己获取的知识完成学习任务			
表达能力	敢于呈现自己的想法，能够正确组织和传达自己想要表达的内容，并自然流畅地表达			
合作能力	愿意与别人合作，能够尊重别人的意见或想法，认真倾听，能够为小组提供帮助			

表5-1-4：PHD课程团队协作能力评价量表

评价指标	评分等级及分值			得分		
	优秀(3分)	表现不错(2分)	有待提高(1分)	自评	互评	师评
贡献	积极参与讨论，为小组作贡献。完成所有要求完成的任务。带领小组实现团队的目标。	有时需要鼓励才能完成分配的任务。在确立目标和实现目标的过程中需要得到帮助。	被动参与讨论。没有完成分配的任务。有时阻挠任务完成，并使小组远离要实现的目标。			
合作	分享很多观点，鼓励其他成员共享他们的观点。	受到鼓励会分享观点，愿意与大多数的小组成员一起分享观点。	不愿意分享自己的观点，在其他人分享观点时常常打断他们。			
提出问题	精心准备资料，独立思考，深入分析，提出的问题有代表性和针对性。	有准备资料，能提出问题，但提出的问题缺乏代表性和针对性。	没有独立思考，但有提出问题。			
解决问题	灵活运用已有知识解决问题，并积极地和小组成员一起解决。	有时会提供解决问题的建议，有时会帮助小组做出决定。	不参与解决问题或做出决定，有时给小组带来麻烦。			
小计						

表5-1-5：课程成果汇报活动表现评价量表

评价指标	评分等级及分值			得分		
	优秀(3分)	表现不错(2分)	有待提高(1分)	自评	互评	师评
完成情况	超额完成了学习任务，实现了全部学习的目标。	完成了全部学习任务，实现了大部分学习目标。	只能完成一部分任务。			

续 表

评价指标	评分等级及分值			得 分		
	优秀(3分)	表现不错(2分)	有待提高(1分)	自评	互评	师评
成果展示	能运用最好的展示方式,能用已有的知识来展示和阐释研究成果。	基本能运用相对合理的方式和内容来展示研究成果。	经过帮助,能展示部分成果。			
合作过程	有效地使用了全部时间。每个人都参与了合作过程和作品制作并做出了贡献。	大部分时间都合作得很好。通常能够互相听取和接受他人的想法。	有时能够进行合作。合作中不是每个人都付出了同样的努力。			
小计						

二、PHD 课程实施

图像是生活中最常用的信息载体,与文字相比更具生动性。所有具有视觉效果的画面都是图像,包括纸上绘制的、相机拍摄的、计算机制作的。校园文化包括校园的建筑景观、活动仪式等显性文化,还包括校风、校训、育人理念等隐性文化。在"如何使校园文化可视化"问题的驱动下,学生确定研究内容,制定并执行研究方案,取得 PHD 课程研究成果。

(一) 细数校园文化,分析图像形式

这一阶段,我们主要带领学生梳理校园文化,绘制思维导图。我们以"校园文化"为主题,从呈现方式上将校园文化分为"显性文化"和"隐形文化","显性文化"是指看得见摸得着的,包括校园里的建筑、雕像、楹联、碑石、植物、仪式活动等,"隐形文化"包括校训、校风、班风、育人理念、育人目标、学生形象、教师形

象等。在"头脑风暴"后形成本课程第一个成果——校园文化思维导图（见图5-1-3）。

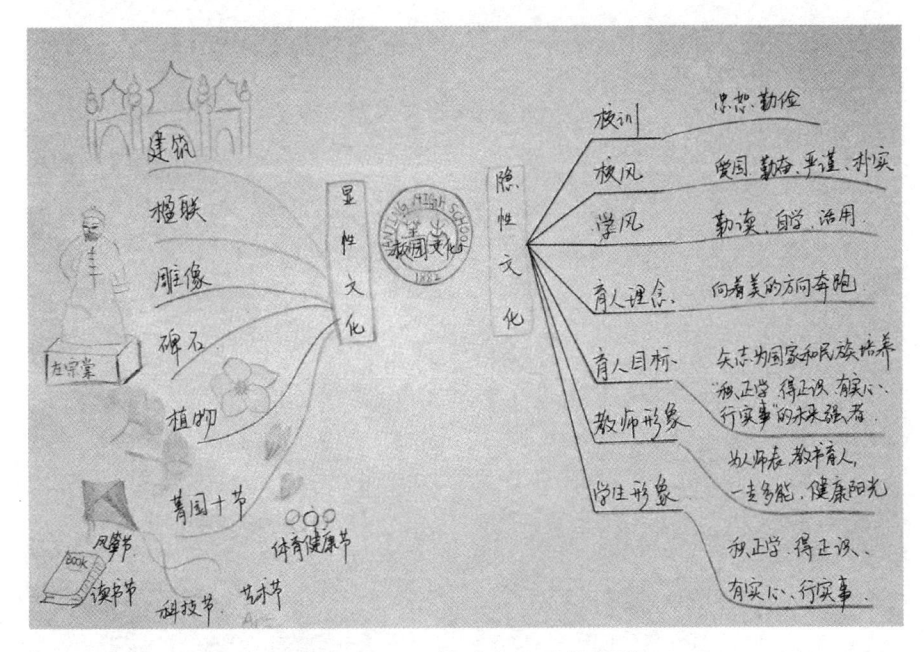

图 5-1-3：校园文化思维导图

厘清校园文化后，围绕"要展现校园文化，可以借助哪些图像形式"这一问题，学生提出许多设想，如拍摄校园景物照片制作明信片、手绘校园地图、设计校园人物形象等。

(二) 明确研究内容，制定研究方案

这一阶段，我们主要指导学生制定校园文化研究方案。为了进一步明确研究的方向和范围，确定研究的目标、内容、方法，具体规划研究的步骤和程序，预设研究可能取得的成果，我们指导学生制定研究方案，即回答为什么研究、研究什么和怎么进行研究这三个主要问题。在这一过程中他们可以与志同道合的小伙伴结成小组，共同完成方案设计，由此产生本课程第二个成果——研究方案（见图5-1-4）。

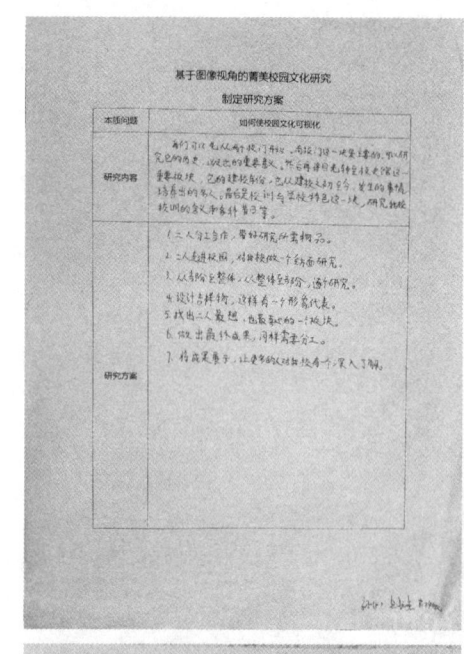

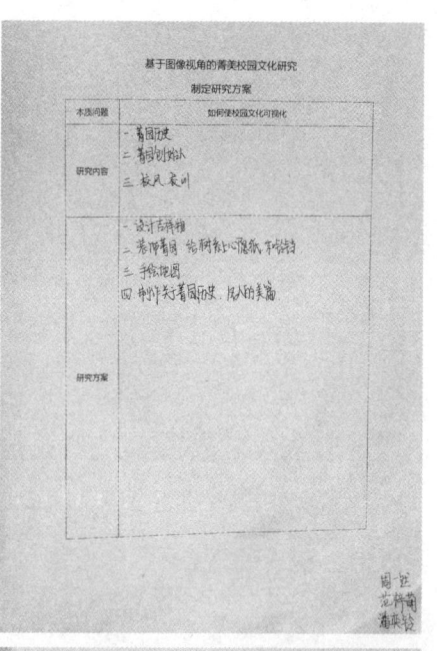

图 5-1-4：研究方案

（三）实施研究方案，完善研究成果

这一阶段，我们主要组织学生小组根据前一阶段制定的研究方案开展PHD课程。在这一过程中，学生能够根据方案需求，从多种渠道获取信息，加工和处理图像，学会用图像展现校园文化，有效提升了他们的信息素养。

1. 制作校园明信片

第一组的研究方案是"制作校园明信片"，以明信片的形式使校园文化可视化。研究的过程主要包括三个阶段：设计明信片、校园采风、制作明信片。

片段一：讨论如何设计明信片

生：老师，我们怎么设计明信片呢？

师：这个问题我们可以从两个方面来解答，一是明信片是什么样子的，二是用什么软件设计明信片比较合适。

生：我使用过明信片，它有两面，正面可以写字、贴邮票，背面是各种各样的图案。

师：老师没有带明信片过来，有什么办法可以让大家看到明信片呢？

生：老师，我在网上搜索到了明信片的图片！正面左上角还有邮政编码的框格（见图5-1-5）。

图5-1-5：学生网上搜索明信片资料

师：我们可以从生活经验中获取信息，也可以通过网络搜索等多种途径获取信息。那么第二个问题我们又怎么解决呢？

当学生讨论遇到阻碍时，教师适时点拨，引导学生分析问题、分解问题，获取信息的途径多种多样，要根据实际情况选择合适的方法解决问题。

借助网络，学生欣赏了许多明信片样式，知道了组成明信片的基本要素，选择使用课上学过的Photoshop图片处理软件来设计明信片。对于背面的图案，学生计划使用校园景物照片（见图5-1-6）。

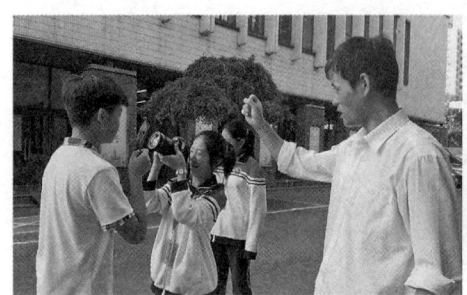

图5-1-6：学生校园采风

片段二：讨论拍摄哪些校园景物

师：同学们，拍摄前有目标吗？想去拍摄哪些校园景物？

生：我想去拍箭矩校门和左宗棠雕像。

师：你选了一个建筑、一个雕像，为什么选这两处？

生：我觉得他们都比较有代表性，箭矩校门历史悠久，左宗棠协助创办了南菁书院，都很有意义。

师：是的，我们要选择一些具有代表性的校园景物，并且拍摄时要想一想这些景物背后的故事，蕴藏着怎样的校园文化。

师：还有哪些？

生：还有春水池、碑廊。

生：还有学校那一片树林，很多百年古树。

2. 绘制校园地图

第二组的研究方案是"绘制校园地图"。在绘制前做了如下准备。首先，通过百度地图、谷歌地图、高德地图搜索"江苏省南菁高级中学实验学校"，获取学校卫星图(见图5-1-7)。对比三个搜索结果，结合校园现实情况，确定校园地图的边界范围。其次，拍摄校园主要建筑照片，在草稿纸上勾勒出建筑与道路的布局，以及校园的大体环境(见图5-1-8)。接着，参考网上搜索的手绘地图及生活中收集的旅游景点地图等资料，结合自己想表达的主题，确定手绘地图风格。然后再开始绘制校园地图。

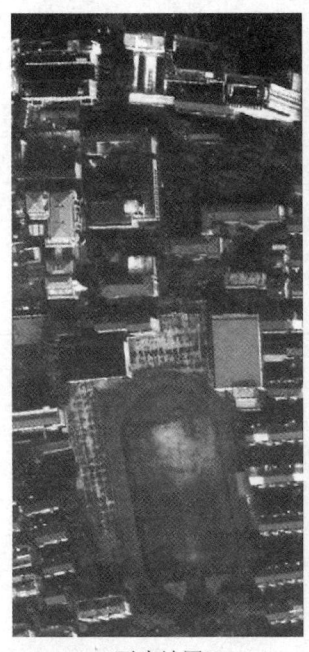

百度地图　　　　　　高德地图

图5-1-7：学校卫星图对比

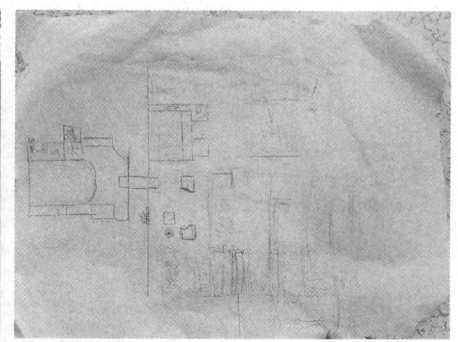

图 5-1-8：学生拍摄校园建筑，勾勒草图

3. 设计校园形象和吉祥物

第三组的研究方案是设计校园形象。校园形象是学校的图腾和象征，要体现学校的理念和精髓，因此，不但要"形似"也要"神似"。在校园形象的设计中融入校园文化，彰显校园特色，使其能够突出文化性与倡议性，从而进一步加强校园形象的代表性，推动校园精神文明建设，为校园文化传播提供有效途径。

学生方案中对于校园形象的设想大致有两类，一类是学生、教师等人物形象，一类是动物形象（见表 5-1-6）。

表 5-1-6：关于校园形象（吉祥物）的设想

校园形象	内 涵	设 计 元 素
学生形象	积正学，得正识，有实心，行实事	关键字"正"、"实"、校服、校徽、南菁书院书生形象
教师形象	为人师表，教书育人，一专多能，健康阳光	选择某些教师作为原型，配以合适的场景，如在教室上课、在实验室做实验、在校门测量体温……
校园吉祥物	体现校园特色	春水池的小鸭子、鲤鱼、菁园猫，百年银杏、紫藤、樱花、山茶花、夹竹桃……

学生小组讨论如何在校园形象(吉祥物)的设计中融入校园文化,以下是讨论片段:

生:我们准备设计校园吉祥物,选择哪种小动物作为原型呢?

师:想一想,在我们的校园里有什么小动物呢?

生:春水池中的鲤鱼、小鸭子。

生:我看见树林里有个大鸟窝,小鸟可以吗?

生:天气暖和的时候,偶尔会看到几只猫在操场晒太阳。

师:大家观察得很细心。在设计中我们如何融入校园文化元素呢?

生:在吉祥物外观形象上可以蕴含学校理念——向着美的方向奔跑,设计一个奔跑的造型。

生:也可以设计系列表情包,比如针对"菁园十节"分别设计不同的吉祥物造型。

生:给吉祥物穿上校服,戴上校徽,把一些学校特色的植物作为装饰品,比如银杏叶、山茶花、樱花、紫藤等。

在方案实施过程中,教师指导学生先在纸上作出设计草图,然后借助数位板、Photoshop软件等绘制并加工处理,完成设计图(见图5-1-9)。

(四)展示研究成果,分享研究心得

经过4课时的课程实施阶段,各小组完成相应的研究方案,展示PHD课程成果,分享本次PHD课程的收获。第一组设计了校园明信片,将拍摄的校园风景照片设计在明信片中,以学校校训、校歌等文字点缀(见图5-1-10)。第二组制作了校园手绘地图,以简笔画形式描绘了校园全貌地形和各建筑教室功能(见图5-1-11)。第三组设计了校园人物形象和吉祥物,将校园特色建筑、景物、动物融于其中,惟妙惟肖、栩栩如生(见图5-1-12、图5-1-13)。

166　像博士一样探究

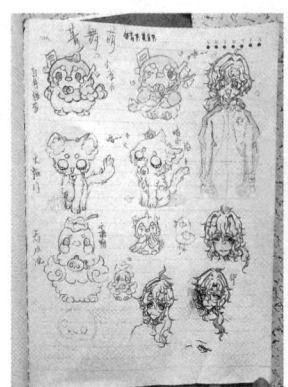

图 5-1-9：学生设计校园吉祥物

图 5-1-10：校园明信片

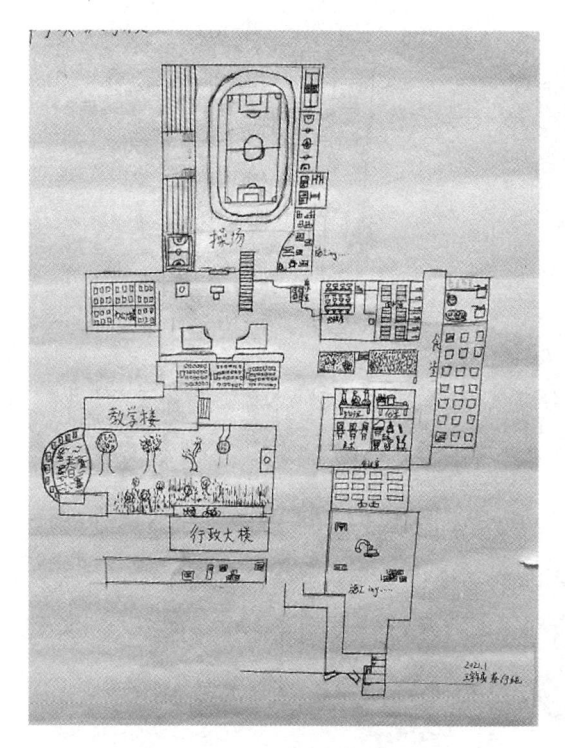

第五章 主体的团队性和指导的灵活性 167

图 5-1-11：校园手绘地图

图 5-1-12：校园人物形象设计

图 5-1-13：校园吉祥物

我们的成果展示活动分小组进行汇报（见图 5-1-14）。各位组长先介绍本组研究课题及分工情况，然后各成员分别阐述自己的活动情况，总结交流课程实践中遇到的问题和解决问题的过程。

图 5-1-14：成果汇报活动

通过本次活动，同学们更深层次地理解了校园文化，能够自己制定研究方案，并根据方案需求，从多种渠道获取信息并进行筛选和评价，还学会了用不同形式的图像展现校园文化。我们给积极主动参与，像"小博士"一样思考研究的学生授予"南菁小博士"称号（见图5-1-15）。

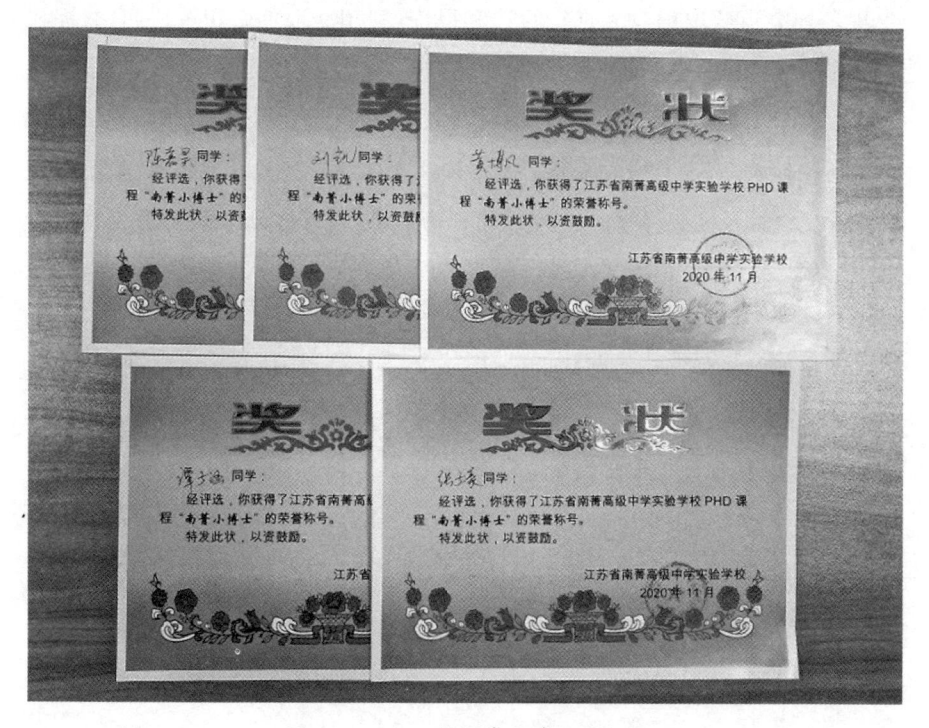

图5-1-15："南菁小博士"奖状

三、PHD课程反思

《基于图像视角的菁美校园文化研究》PHD课程已经开展了两轮，第一次PHD课程实践我们侧重于以摄影的图像形式展现校园文化，我们先指导学生学会使用数码相机进行基础拍摄，再介绍一些美化照片的方法，融入校园文化，预期在校园中展览学生的摄影作品。第二次PHD课程实践我们首先向学生抛出问题——如何使校园文化可视化，经过头脑风暴大家各抒己见，图像形式丰富多样，选择了制作校园明信片、手绘校园地图、设计校园人物形象这三种可视化的途径。明确研究内容后，学生分组合作，制定研究方案。根据方案需求，学生从多种渠道获取信息并进行筛选和提炼，利用获取的知识解决问题，完成PHD课程成果，促进信息素养的进一步提升。

本次PHD课程实践还有一些不足之处有待改进。首先，对于校园文化的理解还比较表面，没有深入研究如何将校园文化与学生设计的作品融合起来，例如学生设计校园吉祥物，只是呈现了一个结果，没有将设计思路、作品寓意以文字形式展示出来。其次，在课程实施过程中评价量表的真实性、有效性有待商榷，这一情况可能与学生来自同一个班级有关。

关于课程改进，第一，做好充分的准备。学生报名时做好提醒工作，比如上课时要求学生带好相机、画笔等物品。第二，PHD课程课时较短，学生来不及完成课程成果，提醒学生可以在家完成，不要只等到课上才做。第三，在校园文化方面可以尝试组织学生设计关于"你眼中的校园文化"问卷，去校园中采访教师、同学，然后根据获得的信息去设计作品。

（撰稿人：华蓉蓉）

【PHD 课程 10】 适合初中生的啦啦操设计研究

表 5-2-1：PHD 课程概览

PHD 课程名称	适合初中生的啦啦操设计研究		适用年级	七年级
类型	跨学科课程		时长	5 课时
涉及学科	体育、音乐、语文			
PHD 课程简介	啦啦操在我国是一个新兴的体育 PHD 课程。2008 年的奥运会使啦啦操扩大了在我国的影响力，国家体育总局体操运动管理中心把啦啦操从技巧 PHD 课程中独立出来，并成功举办了首届全国啦啦操锦标赛。高校是我国啦啦操运动的发源地，现中小学也在逐渐引入啦啦操，在素质教育和全民健身共同提倡的今天，对学校体育教学进行全面改革，校园啦啦操作为引进的新 PHD 课程，正以一种校园体育教育推向多功能方向的全新形式步入校园文化生活，它融合了体操、音乐、舞蹈等因素，深受学生喜爱。那么什么样的啦啦操才会被中学生所接受？如何创编出具有普及性的校园啦啦操？教师和学生一起深入思考、展开讨论、着手创编。PHD 课程学习过程不仅可以让学生在轻松的环境下进行身体锻炼，还能培养创造力和团结协作能力，以及音乐的鉴赏能力。			
核心问题	本质问题	如何将啦啦操的基本元素融合到适宜的音乐中，组成一套基础组合？		
	驱动问题	啦啦操的基本元素包括哪些？如何将几种基本元素串联在一起组成一套完整的操？啦啦操创编的原则和方法是什么？		

续 表

学科目标		1. 了解、体验协调性在啦啦操中的重要作用，进一步感知啦啦操所具有的美感和运动价值，从而激发啦啦操学习的兴趣。通过基本步伐的学习，丰富啦啦操的基本知识，尝试组合创编、上下肢动作的合理搭配，发展动作的协调性，提高动作节奏感。体验运动的乐趣，形成体育意识和习惯，以此塑造良好的体型和形态，并培养积极向上的拼搏精神、对美的感知力，增强自我表现力、团队合作意识。 2. 通过音乐不同的节奏和鼓点创编适合的舞蹈动作，提升学生的音乐鉴赏能力。进一步提高学生的乐感和节奏感，让学生在音乐和舞蹈中寻找自信。陶冶学生的音乐情操，使学生身心更健康。
关键能力		基本元素组合的创编和想象力；音乐节奏感的捕捉与巧用能力；啦啦操比赛和表现能力。
PHD课程成果	产品形式	视频VR、啦啦操手册、小论文
	展示方式	啦啦操比赛、PHD成果展示会
学习评价	过程评价	根据学生在PHD课程中是否积极参与课程的学习，是否制定并积极完成PHD课程的计划，是否与小组成员相互协作，作品是否值得全校推广等方面，制定评价量表，由自评、小组评、师评三方共同完成评价。
	结果评价	在问题研究的过程中是否真正掌握啦啦操的基本元素？是否真正了解一套啦啦操的创编需要哪些基本因素？小论文的撰写是否围绕创编过程？
课程资源		1. 校园丰富的多媒体设施。 2. 丰富的网络资源、图书资料资源。 3. 教师的专业化指导和学生之间的合作。

一、PHD 课程启动

(一) 背景分析

　　学校体育是健康教育的重要组成部分,也是实施素质教育的有力抓手。学校体育最直接的体现除了体育课外,便是校园课间操。审视我校以前的学生体育活动,课间操时间我校开展传统的广播体操体育活动(见图5-2-1),墨守成规,朝气全无,不少学生提不起体育锻炼的兴趣,谈不上养成体育锻炼的习惯,更谈不上具有终身体育锻炼的基础,与我校当下的办学理念"向着美的方向奔跑"不太相符。那么课间操怎样才能调动学生参与兴趣？什么形式的课间操才是学生更乐于接受和喜爱的？随着教育部推广的"一校一品,一校一球一操"一系列活动的开展,我们发现啦啦操运动是目前深受广大学生喜爱的、普及性强

图5-2-1：墨守成规的广播操

的,集体操、舞蹈、音乐、健身、娱乐于一体的综合性体育活动。对各个年龄层次、不同性别、不同身体素质、不同技术水平的人都适宜,各种人群都能从啦啦操练习中找到适合自己的方式,都能从啦啦操练习中感受到乐趣。由此,我们提出体育拓展课程的研究性 PHD 课程——"如何创编富有审美情趣的啦啦操",并由此向全校学生推广。

(二) 学情分析

七年级的学生正处于青春发育期,求知欲和表现力特别强,并具备了独立思考、判断等能力,初中生开始注重形体美和个人气质的培养,同时越来越多的中学生出现了不同程度的体质和心理健康问题。啦啦操运动恰恰是一项符合学生需求的运动 PHD 课程。啦啦操自传入我国以来,很快受到广大青少年的追捧,通过此 PHD 课程的研究,学生不仅能掌握啦啦操的基本步伐,还能够结合所学的啦啦操理论知识进行自主探究学习以及动作的创编,最终提升学生的体育核心素养。

"如何创编富有审美情趣的啦啦操"这一驱动问题的提出,将会激发学生主动而深入的思考,那么,创编啦啦操的因素有哪些呢? 在学习过程中,教师可以引导学生去积极创建有效的沟通渠道和合作路径。解决驱动问题的实践过程,可以进一步提升搜集信息、分析和利用信息的能力;增强交际沟通能力和书面表达能力;提升艺术表现与创意实践的能力。驱动问题的解决有效促进学生从多角度思考,学生的知识技能、学习方式、思维习惯、创新能力都将得以提升。

(三) 学生分组与 PHD 课程管理

初次听到要自行创编富有南菁特色的啦啦操,并且要在全校推广的时候,学生们内心澎湃不已,纷纷大胆构思、大胆表达,有的学生认为要结合当下比较流行的音乐,有的学生认为要融入街舞元素,更易于大众学生接受。为使得 PHD 课程学习能够有序推进,教师对学生提出的想法或建议进行及时引导、梳理、归类,鼓励学生按照驱动问题进行科学策划,合理安排 PHD 课程学习的每个阶段的工作。最终,学生确定了PHD课程学习的三个阶段及任务:调查统计学生对于校园课间啦啦操的认知和兴趣,确定校园啦啦操创编风格,全校全面推广校园课间啦啦操。

在明确了三个阶段及任务后,学生的问题又来了,该怎么样进行合理的分组呢?是所有人统一创编一套动作?还是分成不同的小组创编不同类型的啦啦操?大家展开了激烈的讨论,设计了不同思路,权衡了各种利弊,最终决定将人员分成四组,分别编排不同类型的校园啦啦操,最终根据得票的高低来决定推广的套路(见表5-2-2)。那每一小组里面的人员又如何分工呢?结合教师给出的建议,综合每个学生的能力,又详细地进行了如下组内分工(见表5-2-3)。

表5-2-2:小组成员名单

组别/组名	小 组 成 员					
第一小组:Sunshine组	刘欣妍	任盈颖	隆昕橙	胡楚琳	路尚尚	薛睿瑶
第二小组:青春无敌组	左衣墨	沈语婕	居珈亦	徐可恬	黄靖雯	余梦蓉
第三小组:活力四射组	黄舒涵	何欣妍	祈 琳	沈 晶	单诗恬	顾涵若
第四小组:脑洞大开组	黄 琳	陈沁琳	赵衍盈	戴予诺	陈俏蓉	徐郡雯

表5-2-3:组内分工

组别\分工	小组长	问卷调查	选取音乐	动 作 创 编		
Sunshine组	任盈颖	刘欣妍	胡楚琳	隆昕橙	路尚尚	薛睿瑶
青春无敌组	左衣墨	沈语婕	徐可恬	居珈亦	黄靖雯	余梦蓉
活力四射组	祈 琳	黄舒涵	沈 晶	祈 琳	单诗恬	顾涵若
脑洞大开组	陈俏蓉	黄 琳	戴予诺	赵衍盈	陈俏蓉	徐郡雯

(四) 学习工具设计及评价

1. 设计学习工具

在 PHD 课程学习活动中,如何指导学生参与 PHD 课程活动,实时给予学生帮助是非常重要的。因此,我们根据不同课时的学习目标设计了 PHD 课程学习单,如:第一课时主要教学目的是了解我校学生对啦啦操的认识程度和需求,我们设计了课前调查表(见表5-2-4),在了解了本校学生啦啦操的基础后整理相关信息,并提取有利于后续过程实施的信息。

表5-2-4:课前调查表

课前调查:啦啦操因其独特的魅力成了目前我国高校大学生极为青睐的新兴时尚运动,但在中小学校园里却没有广泛开展。那么,你知道啦啦操和传统健美操的区别是什么吗?
你是通过何种途径知道并熟悉啦啦操的?
1._____ 2._____ 3._____ 4._____ 5._____   6._____ 7._____ 8._____ 9._____ 10._____

2. 检核学习成果

学生完成 PHD 课程学习的过程中,对学生的完成情况,要给予及时合理的评价,才能促使学生更积极、有目标地去完成 PHD 课程活动。在 PHD 课程学习完成之后,我们设计了以下评价量表作为学生 PHD 课程完成的考核,一是 PHD 课程学习过程评价量表(见表5-2-5),反映任务完成过程中学生的批判性思维能力、人际沟通以及团队协作等社会性技能;二是结果评价量表设计(见表5-2-6),反映学生知识和技能的掌握程度,也能反映学生问题解决方案或设计制作产品的有效性、实用性和独特性。

(五) PHD 课程流程图:

为了推进 PHD 课程学习有序进行,使学生的学习更具目标性、实效性,本课程制定了整个 PHD 课程推进的流程图,让 PHD 课程实施过程清晰有序(见图5-2-2)。

表 5-2-5：过程评价量表

评价 PHD 课程	评 价 要 点	自评	互评	师 评
参与的态度	1. 认真参加每一次活动			
	2. 努力完成自己承担的任务			
	3. 做好资料积累和处理工作			
	4. 主动提出自己的设想			
	5. 乐于合作，能和同学交流，尊重他人			
获得的体验	6. 善于提问，乐于研究，勤于动手			
	7. 在活动中，有一定的责任心			
	8. 能对自己进行"反思"			
	9. 实事求是，尊重他人的想法与成果			
	10. 不怕吃苦、勇于克服困难			
学习方法的掌握	11. 能通过多种途径获取信息			
	12. 能运用已有的知识解决问题			
实践能力的发展	13. 有求知的好奇心、探索的欲望			
	14. 独立思考、自主学习，主动发现问题，提出问题，寻求解决问题的方法			
	15. 积极实践，发挥个性特长，施展才能			

表 5-2-6：结果评价量表

评价指标	评分细则	得分 自评	得分 互评	得分 师评
贡献	1. 积极参与讨论，为小组做贡献。(20分)			
	2. 完成所有要求完成的任务。带领小组实现活动目标。(10分)			
协作	1. 伴随音乐，动作整齐划一。(10分)			
	2. 每个人的动作要相同、清晰、干净和精准。(10分)			
	3. 在成套和过渡动作中，人与人之间保持相等的距离。(10分)			
编排	1. 音乐的使用，成套的风格、创新性和动作原创性。(10分)			
	2. 队形变化和过渡动作的多样性，视觉冲击力，层次等。(10分)			
	3. 队形清晰，变换流畅、自然，具有多样性。(10分)			
总体评价	1. 交流、公众形象、观众号召力。(5分)			
	2. 以合适的音乐、服装及编舞提升表演效果。(5分)			

二、PHD 课程实施

(一) 问卷调查与研究

1. 研究目的

为了解啦啦操在我校开展的状况，"每天锻炼一小时"在我校的落实情况，

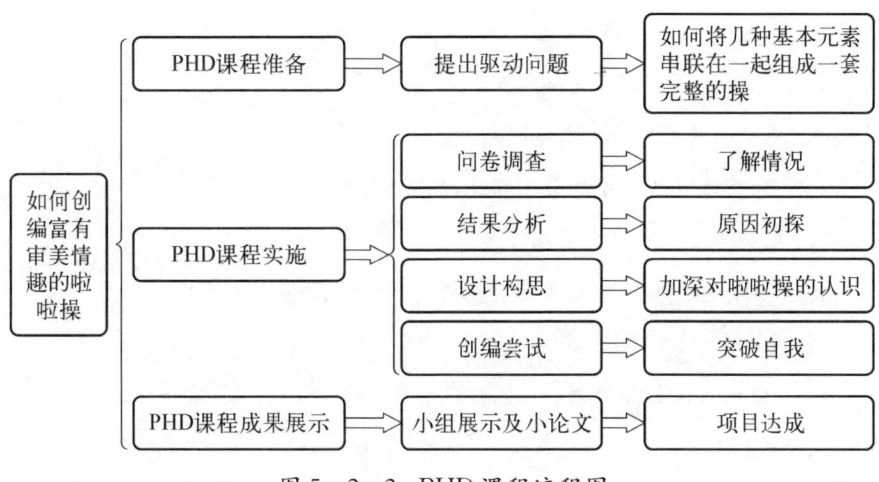

```
如何创编富有审美情趣的啦啦操
  ├─ PHD课程准备 → 提出驱动问题 → 如何将几种基本元素串联在一起组成一套完整的操
  ├─ PHD课程实施 →
  │     ├─ 问卷调查 → 了解情况
  │     ├─ 结果分析 → 原因初探
  │     ├─ 设计构思 → 加深对啦啦操的认识
  │     └─ 创编尝试 → 突破自我
  └─ PHD课程成果展示 → 小组展示及小论文 → 项目达成
```

图 5-2-2：PHD课程流程图

以及学生对学校体育有何心理需求，我们通过开展具有一定规模的问卷调查，以掌握第一手资料，为PHD课程教材开发与实施的研究提供参考依据。通过这个调查的对应分析，来了解我校学生的体育锻炼情况，进而预测啦啦操对中学生身心健康的积极影响，并试图引导我校学生正确地对待啦啦操体育锻炼方式，使其成为学生生活中的一部分。

2. 研究方法与对象

本报告主要采用问卷调查法，调查对象为全体初一学生。本研究通过学生展开实地观察、实地调研，结合各种适切的研究方法，进行逐层的剖析和探索。

问卷：啦啦操进校园问卷调查表

亲爱的同学：

你好！为了使我们的课间活动更加丰富和生动，更好地落实"每天锻炼一小时"，请你认真阅读本问卷，根据你的真实情况和真实想法，把各题的答案写在规定的空白处。本问卷采用无记名方式，结果仅用于学术研究。谢谢你的配合！

Q1：请问你的性别是？

A. 女生　　　　B. 男生

Q2：你对体育活动感兴趣吗？

A. 感兴趣　　　B. 不感兴趣

Q3：你对体育活动中的啦啦操运动感兴趣吗？

A. 感兴趣　　　B. 不感兴趣

Q4：如果有足够的时间你是否愿意选择啦啦操进行运动？

A. 是　　　　　B. 否

Q5：你对啦啦操如何看？（多选）

A. 专业性　　　B. 健身性　　　C. 娱乐性　　　D. 无感

Q6：如果在大课间加入啦啦操你是否感兴趣？

A. 感兴趣　　　B. 不感兴趣

Q7：如果在啦啦操的创编里可以加入一些内容，你希望是什么？（多选）

A. 流行音乐　　B. 街舞动作　　C. 队形变化　　D. 其他_____

Q8：你觉得跳啦啦操可以对你哪些方面有提升？

A. 乐感　　　　B. 身体协调性　　C. 自信感　　　D. 其他_____

Q9：如果学校有啦啦操队或啦啦操比赛你是否愿意加入？

A. 是　　　　　B. 否

Q10：如果诚邀你加入啦啦操的创编，你是否愿意加入？

A. 是　　　　　B. 否

3. 数据研究与结果分析

大多数同学对于课间操加入啦啦操的形式还是比较喜欢的，简单枯燥的广播操使同学们在进行大课间活动时感觉索然无味，练习时亦是有气无力，锻炼效果更是大打折扣，加入了新的内容后，同学们的新鲜感会有所提升，大多数同学很认可，少数同学表示愿意加入啦啦操的创编。

(二) 设计与构思

(1) 明确实施对象与创建思路。该操的实施对象为我校初一学生。因此，应根据实施对象身心发展的实际，要求动作的创编首先要简单易学，能激发学生参与的兴趣，易掌握易普及；其次要具有时代特征，即包含符合现代青少年学生身心发展特点的动作内容和元素，满足学生对现代运动元素的要求。

(2) 组合动作结构。啦啦操成套动作比较完整，都是由 $4×8$ 拍的动作组合而成，教师在操的开始和结束部分为学生创设了可以自主拓展、创新的空间。首先，将成套动作内容划分为不同的动作组合，有利于学生在短时间内学习和掌握动作技术；其次，每个动作组合还可以单独进行循环练习，便于学生更快地掌握。

(3) 组合动作时间改定。根据青少年学生身心发展特点和在学校学习锻炼的实际，啦啦操成套动作时间基本上控制在3分钟左右，每个组合为18秒。

(4) 创编成套动作内容。啦啦操中的动作素材，主要从传统有氧青春啦啦操的基本步法、基本手位和躯干姿态等基本元素中选择，首先确定基本步法，再选择适合的手位和躯干姿态与之配合(见图5-2-3、图5-2-4)。

图5-2-3：学生分组激烈地讨论啦啦操创编的思路

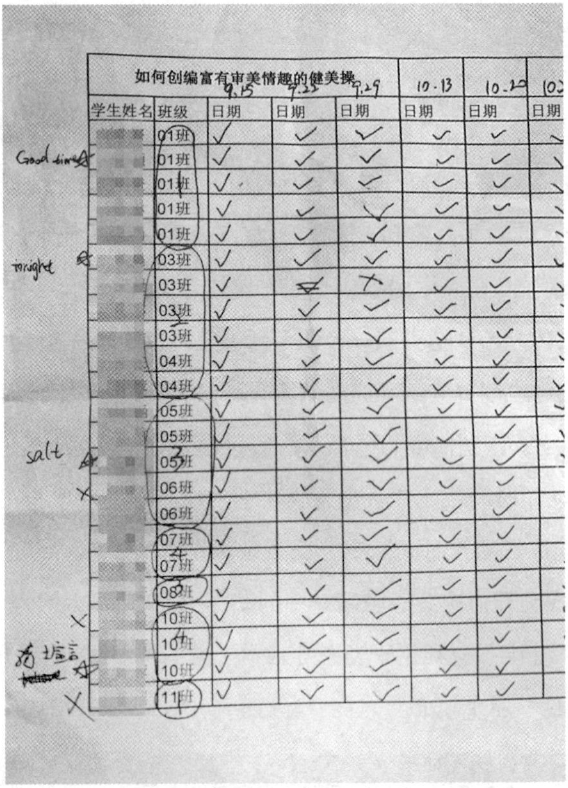

图 5-2-4：学生分组名单

(三) 创编试验与尝试调整

结合课上教师讲过的啦啦操的几类基本元素，从实际中逐层来展现和确定编排的原则和要求，依据创编的目的和指导思想，遵循初中生身心发展规律，创编出适合的套路。

以学生为主体，由学生自己设计成套动作，激发了学生学习和探究的兴趣，同时培养了学生的团队合作意识和精神。为了培养大家的团队意识，在成套动作中设计了体现集体配合的动作的内容。设计的集体配合动作强调动作的简洁、可操作性、易掌握，力求大家在积极参与中能掌握动作。在成套动作练习中，通过人数、队形、方向、空间、位置等因素的变化体现出整体的配合，从而培养学生良好的团队意识。在操的动作设计中，既有规定完成的内容，又有可以发挥想象创造的部分，培养了学生的实践能力和创新精神。同时在音乐节奏和动作韵律的作用下，提高学生音乐素养，培养学生认识美、表现美和创造美的能力。

在有了具体的构思后，各组组长带领大家分别进行了音乐节奏的选取和动作的创编，大家通过各种形式多次尝试、改编（见图5-2-5）。

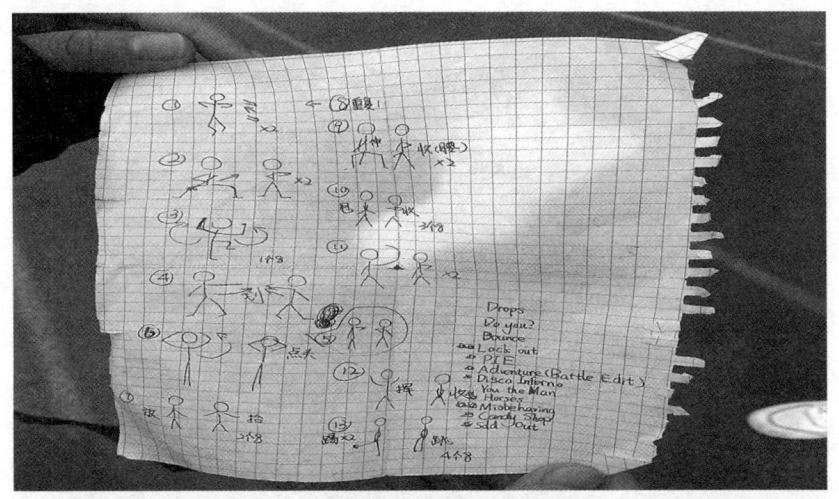

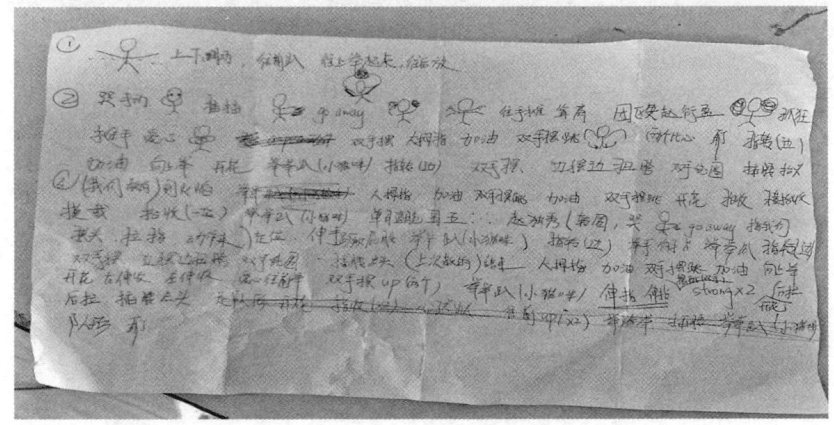

图5-2-5：学生创编动作手稿

三、成果展示与评价

(一) 成套动作展示

根据创编的啦啦操,各小组进行相应的比赛或展示(见图5-2-6、图5-2-7、图5-2-8)。

图5-2-6:Sunshine小组成果展示

图5-2-7:青春无敌小组成果展示

图 5-2-8：活力四射小组成果展示

（二）积极的评价

通过评价使学生清楚地明白努力的方向，了解自己所达到的程度和进步的速率，在相互激励对比中获得乐趣与动力（见表 5-2-7）。

表 5-2-7：评价表

评价标准	评分要求	分　　值
动作完成（60分）	技术技巧	30
	一致性	10
	合拍	10
	团队默契	10
编排（20分）	自创动作	10
	队形变化设计	10

续 表

评价标准	评分要求	分　值
表现及 总体印象(20分)	表现力	3
	感染力	3
	自信力	4
	总体印象	10

(三) 撰写创编心得或小论文

通过自我创编的过程，学生对啦啦操文化和精神有了更深层次的了解，学会了如何将舞蹈和音乐进行融合，以及在探索创编过程中也有了自己的所思所想。指导学生围绕“啦啦操创编的原则”展开写作，谈谈自己的心得。同时对于创编过程中想法新颖、表现积极的学生授予“南菁小博士”称号。

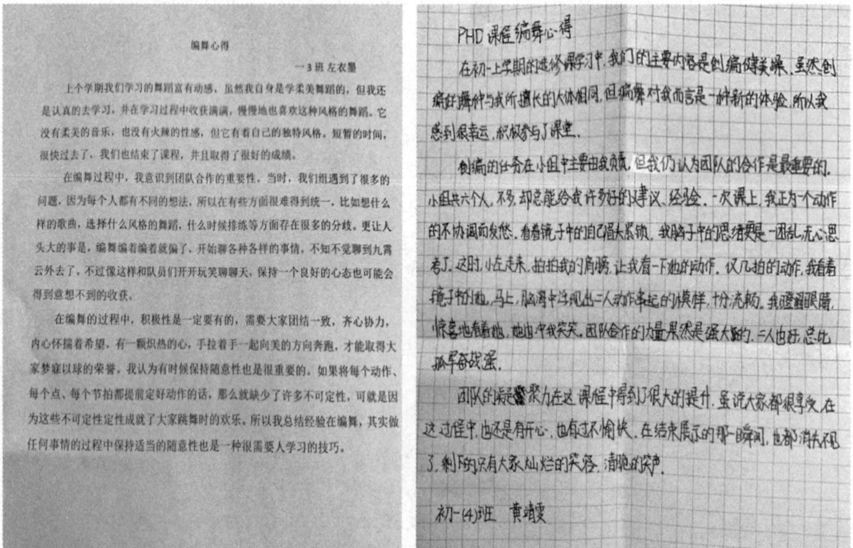

编舞心得

一3班 左衣墨

上个学期我们学习的舞蹈富有动感，虽然我自身是学柔美舞蹈的，但我还是认真的去学习，并在学习过程中收获满满，慢慢地也喜欢这种风格的舞蹈。它没有柔美的音乐，也没有火辣的性感，但它有着自己的独特风格。短暂的时间，很快过去了，我们也结束了课程，并且取得了很好的成绩。

在编舞过程中，我意识到团队合作的重要性。当时，我们组遇到了很多的问题，因为每个人都有不同的想法，所以在有些方面很难得到统一，比如想什么样的歌曲，选择什么风格的舞蹈，什么时候排练等方面存在很多的分歧。更让人头大的事是，编舞编着编着就偏了，开始聊各种各样的事情，不知不觉聊到九霄云外去了。不过像这样和队员们开开玩笑聊聊天，保持一个良好的心态也可能会得到意想不到的收获。

在编舞的过程中，积极性是一定要有的，需要大家团结一致，齐心协力，内心怀揣着希望，有一颗炽热的心，手拉着手一起向美的方向奔跑，才能取得大家梦寐以球的荣誉。我认为有时候保持随意性也是很重要的。如果将每个动作、每个点、每个节拍都提前定好动作的话，那么就缺少了许多不可定性，可就是因为这些不可定性定性成就了大家跳舞时的欢乐。所以我总结经验在编舞，其实做任何事情的过程中保持适当的随意性也是一种很需要人学习的技巧。

PHD课程编舞心得

在初一上学期的选修课学习中，我们的主要内容是创编健美操。虽然创编舞种与我所擅长的大体相同，但编舞对我而言是一种新的体验，所以我感到很幸运，积极参与了课堂。

创编的任务在小组中主要由我负责，但我仍认为团队的合作是最重要的。小组共六个人，不多，却总能给我许多好的建议、经验。一次课上，我正为一个动作的不协调而发愁，看着镜子中的自己眉头紧锁，我脑子中的思绪更是一团乱，无心思考了。这时，小左走来，拍拍我的肩膀，让我看一下她的动作。仅几拍的动作，我看着镜子中的她，马上，脑海中浮现出二人动作串起的模样，十分流畅。我瞪圆眼睛，惊喜地看着她，她也冲我笑笑。团队合作的力量果然是强大的，二人也好，总比孤军奋战强。

团队的凝聚力在这课程中得到了很大的提升，虽说大家都很辛苦，在这过程中也还是有开心，也有过不愉快，在结束展示的那一瞬间，也都消失不见了，剩下的只有大家灿烂的笑容，清脆的笑声。

初一(4)班　黄靖雯

图5-2-9：学生创编心得

四、PHD课程反思与改进

(一) PHD课程反思

在由教育部倡导推行的"一校一品"、"一球一操"背景下，校园啦啦操迎来了发展的大好时机，校园特色啦啦操成为啦啦操与校园文化融合发展的纽带，创编校园特色啦啦操是推动校园啦啦操发展的内生动力。在PHD课程学习中，教师转变为学生学习的引导者，让他们自主探究学习。对于学生而言，参加PHD课程学习是一次有趣的体验。PHD课程活动中，学生从一开始对啦啦操运动的一无所知，到通过查阅文献、问卷调查、小组合作等手段，有效地培养了学会合作、学会沟通、学生思考、学会共享的能力与意识。成套啦啦操的展示更是锻炼了学生的表现力和自信心。活动过程中，学生有效地开展分组活动，教师担任提示、点拨、引导、归结的角色，很好地培养了学生发现问题、思考问题、解决问题的能力与习惯。

(二) PHD课程改进

进一步完善评价量表。在PHD课程式学习过程中，评价标准和评估工具的科学性有待提高。过程性评价若仅从学生的评价量表进行评价，准确性不够。部分学生由于性格原因，参与交流、讨论、思考、分享的热情不高，但是对PHD课程学习活动是较为感兴趣的，起码大家都较为乐意参与其中。同样，结果性评价仅从学生展示的作品数量和质量来判定其参与程度也难免不全，仍需建构出一份更全面、更客观、更科学的评价量表。

进一步加强过程调控。学习方式的转变非一朝一夕之功。从个体单一的学习转变为群体合作的学习，从只关注自我到学会合作、学会交流、学会共享、学会欣赏，形成学习小组内、学习小组间的默契合作，共同提高，这种学习样态既需要教师在日常教学中针对性地进行学习方法指导和学习习惯的养成，更需要教师在具体的一次次PHD课程学习实践过程中科学指导、智慧调控。

进一步加深情感认同。PHD课程式学习有别于传统学习,学生成为学习活动的主体,教师适当提供学习活动的抓手,但不参与其中。大部分学生乐于接受学习方式的改变,并在活动实践中感受到学习能力的提升,对于PHD课程式学习的热情与激情稳步高涨。但仍有部分学生一时难以适应学习方式的改变,对于PHD课程式学习参与热情不高,情感上的认同感较低。在日后的PHD课程式学习中还需注重加强学生对于PHD课程式学习的认识,设计安排符合学生心理过渡期的阶段任务,进一步加强学生的情感认同。

(撰稿人:刘燕)

第六章
成果的构建性和评价的生长性

PHD课程,是一个突出研究过程的科学性与完整性的课程。课程目标明确,所有活动环节有序衔接,研究成果就是在过程中逐步构建起来的。研究成果获得过程中,学生的学习兴趣更加浓郁,实践能力和合作探究能力得到增强,必备品格得到培养。评价的生长性,也是课程实施的突出要求,教师把"全人教育"作为目标有机融合到课程活动的评价当中,使评价基于学习、促进学习,更是学习本身的一部分。

【PHD 课程 11】 热缩片与菁园文化的交融研究

表 6-1-1：PHD 课程概览

PHD 课程名称	热缩片与菁园文化的交融研究	适用年级	七年级
PHD 课程类型	跨学科课程	PHD 课程时长	5 课时
涉及学科	美术、视觉艺术、摄影、计算机、化学		
PHD 课程简介	南菁文化是开发南菁师生生命潜能的巨大力量，美术课程是以视觉形象的感知、理解和创造为特征。本课程是利用热缩片作为媒介，将学校文化、美术等学科知识进行创作性的加工，充分发挥南菁建筑文化、塑像文化、楹联文化、碑文化、校史文化的作用，利用热缩片材料新颖、操作性强、趣味性浓厚等适合初中生学习特点的特性，与绘画、书法、雕塑相结合，构建积极、自由、愉悦的心理氛围，加强南菁文化精神教育，激发师生的最佳创造力，创造出能随身携带的文化"个性工艺品"，有效传承南菁文化，自觉地开发适合本校性质与特点的课程。		
核心问题	本质问题	1. 什么是热缩片，它的应用范围有哪些？ 2. 南菁文化主要体现在哪几个方面？ 3. 如何提炼南菁文化整合出适合"热缩片"形成条件的图形文字？ 4. 如何制作能体现南菁文化的热缩片产品？	
	驱动问题	如何巧用热缩片将"教育与文化"、"科学与教学"相结合，将校园文化渗透到师生生活的方方面面，从而影响南菁师生的思想行为。	
学科目标	1. 充分运用美术课程的"视觉性"特征，发展视觉素养，增强对美感的社会性意识，形成高尚的审美品位。 2. 构建课程综合模式，注重校园文化与地方文化、生活科学的有机结合，开阔学习领域，培养创新精神和解决问题的能力。		

续 表

学科目标	3. 通过课程研究,充分利用本校的文化属性与形式,呼唤对南菁的信念与情结,开发出具有本校特色的文化产品。
关键能力	1. 通过了解南菁文化,提高资料的查阅与整合能力。 2. 通过对南菁文化的提炼,加强图像的获取与处理能力。 3. 通过南菁文化与热缩片的组合研究,提高动手实践能力。
PHD课程成果	产品形式：1. 形成有关"南菁文化"的总结报告。 2. "热缩片"形成实践资料与"菁园雕塑、菁园风景、菁园书法"的影像、书画资料。 3. 热缩片成品。 展示方式：交流报告、课堂实践、产品展览
学习评价	过程评价：1. 是否能在校园中找出体现学校文化的景观。 2. 是否能查阅到与学校文化相关的资料。 3. 是否能将校园文化整合成图像资料。 4. 是否能将图像资料与热缩片融合成体现学校文化的产品。 结果评价：1. 校园文化研究的交流报告是否能充分体现百年老校的特点。 2. 所提炼的图像是否能从图形、色彩、文字三方面体现校园文化。 3. 制作的热缩片成品外形是否美观,创意是否独特。

一、PHD 课程启动

(一) 背景分析

教育改革的今天,人文美术的学习冲破了传统教室内授课的束缚,教材的资源已经无法满足课堂。2015 年 9 月 15 日,国务院办公厅印发《关于全面加强和改进学校美育工作的意见》,意见中对美育的课程提出了这样的要求:"学校美育课程建设要以艺术课程为主体,各学科相互渗透融合,重视美育基础知识学习,增强课程综合性,加强实践活动环节。要以审美和人文素养培养为核心,以创新能力培育为重点。"文件中强调了审美与人文素养,要重视文化知识的学习。

一些地方和学校对美育的审美、人文、创新这些育人功能认识不到位,重应试轻素养、重少数轻全体、重比赛轻普及。课程建设中不注重各学科之间的相互融合,忽略了美育课程的综合性,忽视了艺术作品的历史感、社会意义和文化内涵。为了使学生尽可能多地从不同的渠道,以不同的形式接触、学习、表现艺术,我们在美术教育中,应该积极利用其他教育资源,尤其是传统文化、物质与非物质文化资源、网络资源等与美术学科相结合进行创造性的学习利用,开发具有本校特色的课程,激发学生的创造力。

(二) 学情分析

《义务教育美术课程标准(2011年版)》中提出在推进素质教育的过程中,越来越多的人认识到美术教育在提高与完善人的素质方面所具有的独特作用,美术教育被社会广泛关注。我国美术教育的改革由最初的"双基"(知识与技能)的学习,发展为后来提倡素质教育的三个维度"知识与技能、过程与方法、情感态度与价值观",直至现今提倡"人文教育",将美育引进美术课堂,强调了美育的核心教育是"提高审美和人文素养"。但在现行的中小学美术教材中,很多地区仍然以美术专业知识与专业技能的学习为主,其结果是造成大多数学生失去了学习美术的兴趣。

学生普遍认为美术学习就是学画画,只有少部分喜爱画画的学生对美术有较浓厚的兴趣,绝大部分学生觉得美术可有可无,少数学生与一些成年人甚至认为不学美术一样可以升学,完全可以不学习。很少能意识到美术学习是宽泛的,不只是模仿美术技巧。本课程的研究通过了解南菁文化,提高对学校文化的认知,自主学习、自我体验,不断修正、改善学习行为,促使每一个置身菁园的南菁人,处处、事事、时时感到一股奔腾不息且富有生命力、创造力的激流。

（三）学习工具设计及评价

1. 设计学习工具

在 PHD 课程实施过程中，教师作为一个负有责任的成人，仅仅只是一个引导者、监督者、组织者。好比一场演出，教师负责搭建一个舞台，规定演出的时间，把握演出的尺度。到了规定的时间，把所有的部分组合到一起，一个神奇的 PHD 课程就完成了。本课程在学习过程中设计为三个部分，由学生按照规定时间分别完成。

（1）收集与热缩片相关的课程与视频，操作完成热缩片性能研究。

研究点：热缩片的基础知识，以及操作运用，查找资料解决；罗列与研究实际操作时需要准备的工具以及性能；思考与研究校园里哪些元素可以作为制作热缩片的素材。

（2）查找、整理有关南菁文化的资料，完成校园文化研究。

研究点：了解南菁文化的凝结沉淀。通过"书院"简释、文化模式、"书院"教学、学术成就、书院人物志等方面了解南菁书院；了解今日南菁文化的氤氲化生，分别从教育特色、教学教风、课程文化、师生文化、制度文化、环境文化等方面了解南菁文化的交互作用。

（3）参观校园，寻找发现校园里有哪些建筑、雕塑、书法以及特色风景，观察不同时间不同季节的色彩变化，可用绘画摄影的方式留存资料，完成热缩片与南菁文化相融合的组合研究。

研究点：提炼南菁文化，例如从建筑文化、雕像文化、楹联文化、碑石文化中提炼出建筑风景、园林植物、书法等可以用艺术手法来表现的部分；选择合适的地点进行校园风景写生，思考写生后的风景如何进行取舍才能绘制到热缩片上；收集校训、校园楹联、碑文等书法材料，思考可以用怎样的方式将其拓印转化到热缩片上。

2. 检核学习成果

学生完成 PHD 课程学习的过程中，对学生的完成情况，要给予合理的评价,才能促使学生更积极、有目标地去完成课程活动。在 PHD 课程学习完成之后,我们设计了课程学习评价量表作为学生 PHD 课程完成的考核。

(1) 过程评价量表设计(见表 6-1-2)反映学生知识和技能的掌握程度,也能反映学生的观察能力,以及图像识读能力。

表 6-1-2：过程评价量表设计

评 价 内 容	学生自评	小组评价	教师评价	综合评价
1. 是否能在校园中找出体现学校文化的景观。				
2. 是否能查阅到与学校文化相关的资料。				
3. 是否能将校园文化整合成图像资料。				
4. 是否能将图像资料与热缩片融合成能体现学校文化的产品。				
综合评价				
评价说明：每项达到要求 A 级获得 3 颗★★★,B 级获得 2 颗★★,C 级获得 1 颗★。				

(2) 结果评价量表设计(见表 6-1-3)反映学生的动手能力与创造能力,也能反映学生解决问题或设计制作产品的有效性、实用性和独特性。

表 6-1-3：结果评价量表设计

评 价 内 容	学生自评	小组评价	教师评价	综合评价
1. 校园文化研究的交流报告是否能充分体现百年老校的特点。				
2. 所提炼的图像是否精美动人,是否能从图形、色彩、文字三方面体现校园文化。				

续 表

评 价 内 容	学生自评	小组评价	教师评价	综合评价
3. 制作的热缩片成品外形是否美观,产品设计构思是否新颖独特。				
综合评价				
等级评价标准：每项达到要求 A 级获得 3 颗★★★,B 级获得 2 颗★★,C 级获得 1 颗★。				

二、PHD 课程实施

为了推进 PHD 课程学习有序进行,使学生的学习更具目标性、实效性,本课程分为热缩片的性能研究、校园文化研究、热塑片与校园文化的组合研究三大部分来推进,让 PHD 课程实施过程清晰有序(见图 6-1-1)。

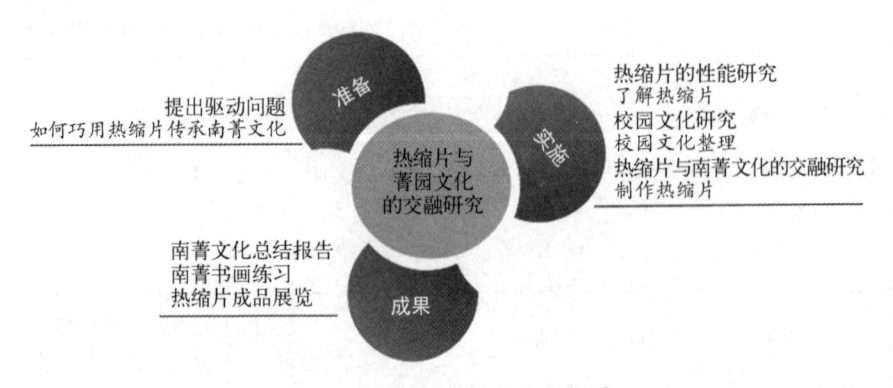

图 6-1-1：PHD 课程流程图

(一) 文献查阅

1. 查找、整理有关南菁文化的资料,并形成总结材料

利用图书馆、校史馆、相关书籍、互联网等途径,整理有关南菁文化的资料,

解决南菁文化主要体现在哪些方面的问题（见图6-1-2）。通过学习查阅，了解到南菁文化通过学生文化、教师文化、制度文化与环境文化的交互作用，并对江南地域的自然条件、经济特征和文化传统的批判性适应，逐步形成了与时俱进的教育理念。南菁校训"忠恕勤俭"是南菁教育理念的集中表现，是南菁文化长期发展的精神积淀。我校师生共同努力将学校文化建构扎根于深厚的南菁文化之中，坚守南菁"崇尚勤读、提倡朴学、知行并重、关注社会"的文化品格，在南菁文化的润泽下，确立了"在美的体验中自主成长"的课程理念。

图6-1-2：文献资料

2. 查找有关热缩片的性能、用途等基础知识

通过互联网了解什么是热缩片，热缩片的性能、应用范围等基础知识。罗列与研究实际操作时需要准备的工具，通过书籍、网页资料收集、网络视频等途径学习热缩片的制作过程、掌握操作要领（见表6-1-4）。了解热缩片是一种神奇的胶片，具有环保、绝缘的特点，质地与塑料相似，成分有PVC（聚氯乙烯）树脂粉、颜料、塑料增塑剂等。热缩片被广泛应用于电解电容器、电感等电子产品，对产品能起到防潮、绝缘、美观的效果。热缩片的神奇之处还在于它受热后会缩小增厚，打磨过后可用彩铅等彩笔把任何想要的图案或形状定制出来，可制作手机挂件、吊坠等手工艺品，让大家一起见证这个小小的奇迹。

（二）游览校园

1. 拍摄观察，发现南菁文化

利用课余时间参观游览校园的角角落落，仔细观察，用心感受校园美景的同时，通过拍摄等方法提炼南菁文化，提炼出雕塑、建筑、风景、园林植物、书法

表6-1-4：热缩片制作工具与注意事项

材料、工具的名称	用　　途	需要注意的安全规则
热风枪		
热缩纸		
打孔机		
AB胶		
彩色铅笔		

等可用艺术手法来表现的部分（见图6-1-3），充分发挥南菁建筑文化、塑像文化、楹联文化、碑文化、校史文化的作用，构建积极、自由、愉悦的心理氛围，加强南菁文化精神教育，激发师生的最佳创造力，传承南菁文化。

图6-1-3：发现校园文化

2. 实地写生,提炼菁园风景

选择合适的地点或者根据所拍摄的照片运用喜爱的绘画方式进行校园风景写生,将所写生的内容按照建筑、风景、园林植物、书法楹联等进行分类(见图6-1-4)。结合热缩片遇热会收缩约四分之一大小的化学性能,将学校文化、美术学科、科学知识进行创造性的加工融合,将写生后的图进行取舍后绘制到热缩片上,解决如何提炼南菁文化整合出适合"热缩片"图形文字的问题。最后用PPT的形式分享拍摄的校园文化图片,以及提炼的书法、写生的风景作品,分析交流在活动过程中掌握的技能以及遇到的困难,讨论如何解决遇到的问题。

图6-1-4:校园写生

(三) 分工制作

本阶段是整个课程的最后一步,在于将前两个阶段的成果利用"热缩片"作

为媒介,解决如何制作能体现南菁文化的热缩片产品的问题,主要步骤如下:

1. 准备活动材料

列出创作作品所需材料、工具,写出其用途和要注意的安全规则:

热缩纸、热风枪、打孔机、水晶胶(A,B)、油性彩色铅笔、图案样纸、油性勾线笔、棉花棒、不锈钢盆、剪刀、书本(任意)、钥匙挂钩、晾晒板(垫字板)等,并记录活动过程中的要点与注意事项(见表6-1-5)。

2. 记录活动过程

第一步:根据3∶1比例调制水晶胶待用(见图6-1-5)。

调制胶水的过程中可能会出现胶水中带有气泡的问题,如果胶液里有了气泡,涂抹到热缩片表面会产生什么现象?如何解决气泡的问题呢?

第二步:将设计好的图案画到热缩纸上,剪出理想中的造型(见图6-1-6)。

图6-1-5:调制滴胶　　　　图6-1-6:绘制草图

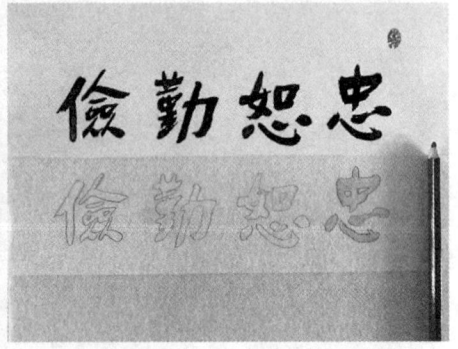

画笔种类繁多,我们在挑选画笔时也是有一定要求的,思考为什么要用油性彩色铅笔,而不是其他上色工具呢?

第三步:将剪好的热缩片用热风枪加热固型(见图6-1-7)。

加热好的热缩片最好用平整的书本压一压,知道这样做的好处是什么吗?

第四步:均匀地涂上水晶胶,等待凝固成型(见图6-1-8)。

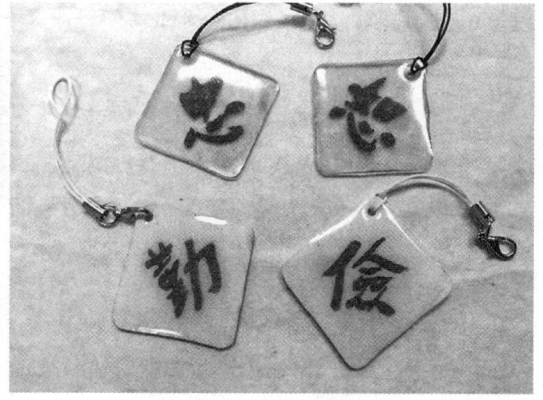

图 6-1-7：热风枪加热　　　　图 6-1-8：干燥成型

3. 探究活动问题

根据教师的设疑，总结活动过程中遇到了哪些问题、是怎样解决的、应该如何避免这些问题的发生，并完成表 6-1-5。

表 6-1-5：实践操作解决问题

> 研究任务：
> 问题 1：胶液中有了气泡会影响制作吗？应该怎么解决？
> 问题 2：为什么一定要用油性的彩色铅笔在热缩纸上画图？
> 问题 3：使用热风枪时要如何操作才能做出比较平整的热缩片？
> 问题 4：加热好的热缩片为什么要快速地用书本压一压？

（四）成果展示

1. 文献查阅阶段的成果

通过各种途径了解南菁文化的过程中每个成员都有一定的收获，资料的查阅与整合能力也得到了提升，能够运用计算机进行 PS 的图文制作形成总结材料。了解到南菁文化是一种具有鲜明特色的学校文化，南菁文化特色的形成与发展经历了百十余年，它是通过对南菁文化的扬弃与革新，经过时代精神的调节与师生共同的涵化逐步形成的独特校园文化（见图 6-1-9、图 6-1-10）。

202 像博士一样探究

图6-1-9：校园文化研究报告（一）

图6-1-10：校园文化研究报告（二）

2. 拍摄写生阶段的成果

这一阶段的实施充分运用美术课程的"视觉性"特征，发展视觉素养，用美术知识、摄影技能、情感态度相结合的形式，将校园文化渗透到艺术作品中，形成传承校园文化的必备品格与关键能力。其成果分为校园文化摄影、校园文化设计草图两部分（见图6-1-11、图6-1-12）。

图6-1-11：校园文化摄影集

3. 热缩片实践制作阶段的成果

该阶段是PHD课程实施过程的最后一个环节，也是前两个实施成果的总结阶段。实施过程中本着课程综合模式，注重校园文化与生活科学等的有机结合，创造性与创新、交往与协作、首创精神与解决问题的技能都得到了锻炼。每个成员基于各自的创作形式与观念，分享阐述通过做中学，在完成作品的同时，如何研究和解决问题的过程，形成像美术家一样创作的思维。作品从校园文

图 6-1-12：校园文化设计草图

化、校园风景、校园生活等几个方面进行了分类呈现（见图 6-1-13）。

三、PHD 课程反思

（一）PHD 课程设计意图

美育的课程提出学校美育课程建设要以艺术课程为主体，各学科相互渗透融合，重视美育基础知识学习，增强课程综合性，加强实践活动环节。要以审美和人文素养培养为核心，以创新能力培育为重点。校园里承载着厚重历史文化的雕像，建筑物上雕刻的浮雕，碑廊里的书法篆刻，无一不在向我们传递着有关人文的信息，有了文化素材，如何让学生切身体会、实践创造、传承校园文化，成了本课程需要解决的首要问题。

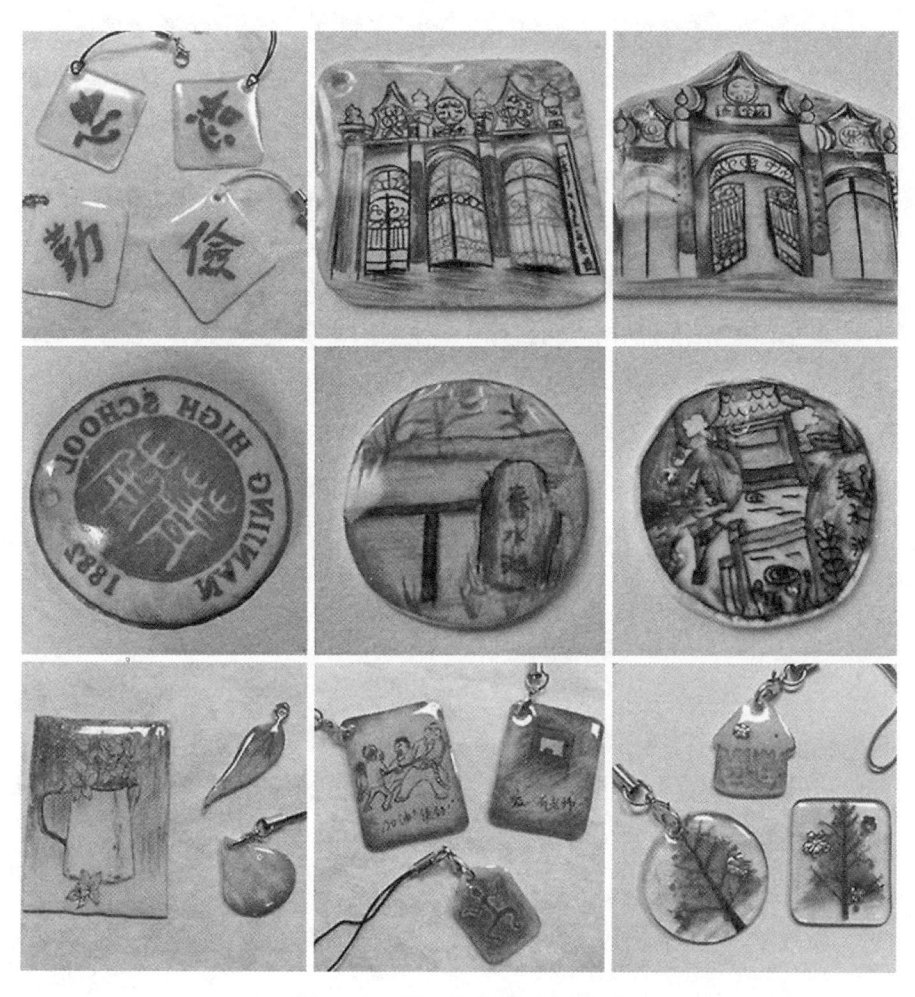

第六章 成果的构建性和评价的生长性 205

图 6-1-13：热缩片成品展示

在设计这项课程时，考虑到课程以后要面对的是全体学生，而不是针对少数有基础有兴趣的学生，偏重于让所有的学生都有兴趣参与，而且都能够真正有实效地参与进来。所以在承载课程的媒介选择上挑选了不太热门但可塑性又很强的"热缩片"，这种类似陶瓷彩绘原理的制作方式，有很大的发挥空间，可以与书法、绘画相结合，形成我们的校园特色产品。

经过这几节课堂教学,发现每一个学生,不管是在个人的兴趣发展还是小组合作精神上都表现得很出色,课堂活动中学生参与率达到了百分之一百,效果明显优于国家教材的课堂。

(二) PHD 课程开发的过程

在 PHD 课程实施的过程中学生也只是凭兴趣而来,都没有任何基础,师生如何做好零起步及有关热缩片的相关知识,市场上没有任何现成的教材。作为一线美术教师,在具体实施时我们都有一个共同的难题,单凭兴趣想要实践好这个课程真的非常不容易。不容易在两点:第一,我们面对的是新型材料,网络能搜集到的知识很少,教师自身也不具有实践操作经验,需反复练习总结规律;第二,"热缩片"的图案绘制虽然用的是绘画、书法技法,但又不同于书法绘画,在实践过程中会遇到一系列难题。

在实施操作中,我把自己在实践过程中遇到的问题以问卷的形式设计到过程中,让学生边实践边寻找解决问题的方案,在做中学学中做的同时又可以宣传校园文化,满足了孩子们的成就感。这项课程正符合我们的国家课程校本化的理念,既补充了国家课程的不足,又体现了我们的校园特色,这次课程实践只是最初的一种尝试,展示中还有很多的不足,今后我们师生将不断地学习不断地提高,与课程共同成长共同进步。

(撰稿人:蒋志美)

【PHD 课程 12】 城市玻璃幕墙的光污染研究

表 6-2-1：PHD 课程概览

PHD 课程名称	城市玻璃幕墙的光污染研究		适用年级	七年级
类型	跨学科学习		PHD 课程时长	8 课时
涉及学科	物理、历史、地理、政治、语文			
PHD 课程简介	随着城市化的发展，建筑的材料也逐渐多样化，很多高楼大厦普遍使用玻璃幕墙做外装饰。路经这些大厦，玻璃的反射光射入人的眼睛，使人视觉极为不适，并伴有头晕眼花等症状，给人的健康造成危害，且极易发生车祸。 　　玻璃幕墙产生的原因是什么？在生活中玻璃幕墙还有哪些应用不当的实例？它的危害性是什么？避免建筑光污染可以有哪些改进措施或建设性意见？对于这一与我们日常生活息息相关的问题，许多学生想一探究竟，由此，我们提出物理拓展课程的研究性课程——"城市玻璃幕墙的光污染研究"。			
核心问题	本质问题	如何利用光的反射相关知识探究城市玻璃幕墙对人们生产生活的影响？		
	驱动问题	江阴市城市玻璃幕墙光污染的现状怎样？如何设计实验探究城市玻璃幕墙光污染的产生原因？解决城市玻璃幕墙光污染有哪些有效措施？		
学科目标	1. 了解光污染的有关知识。 2. 学会调查城市光污染的现状，并提出有关建议；对光污染的相关问题进行探究，提高科学探究能力；提高团队合作能力，提高对课题的研究能力；学会撰写论文，提高语言表达能力和论文撰写能力。			

续　表

学科目标	3. 通过进一步了解城市化进程对人们生产生活的影响,体会到生活与物理密不可分,产生将所学科学文化知识应用于科学社会实践的强烈愿望。	
关键能力	通过探究玻璃幕墙光污染的产生原因,提高设计实验、进行实验、分析归纳等科学探究能力。	
PHD课程成果	产品形式	调查报告、实验报告、实验微视频、小论文
	展示方式	实验汇报答辩、论文交流报告
学习评价	过程评价	调查问卷设计是否符合问卷设计原则,能否达到光污染现状调查的目的;实验方案设计是否能科学探究城市玻璃幕墙光污染的产生原因,是否可行、安全。
	结果评价	光污染现状调查报告行文是否条理清晰、基于事实,是否全面,结论是否妥当;光污染产生原因探究实验报告、实验微视频是否达到探究目的,实验操作是否规范,结论是否具有科学性,论文是否围绕主题,解决措施是否有效。
课程资源	1. 网络资源和相关文献资料的查阅。 2. 指导教师对 PHD 课程实施过程中理论加实践的指导。 3. 实验探究所需器材。	

一、PHD 课程启动

(一) 背景分析

在经济不断发展,人民生活水平不断提高的同时,人们对自己的生存环境也越来越关注,所以关于光污染的投诉也越来越多。光污染问题最早于二十世纪 30 年代由国际天文界提出,他们认为光污染是城市室外照明使天空发亮造成对天文观测的负面影响。光污染还是制造意外交通事故的元凶,矗立的一幢幢玻璃幕墙大厦，对交通情况和红绿灯进行反射，反射光进入高速行驶的汽车内，会造成人的突发性暂时失明和视力错觉，严重危害行人和司机的视觉功能；建在居民小区附近的玻璃幕墙，会对周围的建筑形成反光。由此可见，玻璃幕墙会造成光污染。

物理学作为一门重要的自然科学的基础学科，是现代科学技术的中心学科之一。初一的学生还没有开始学习物理，学习方法及抽象思维能力还没有形成，对于即将学习物理的他们来说，激起他们浓厚的学习兴趣和强烈的求知欲望是极其重要的。为了培养学生对物理学习的兴趣和方法，培养学生的创新精神和实践能力，启蒙中学生的物理，我校物理组教师和学生共同设计出有关物理拓展课程的研究性课程——"城市玻璃幕墙的光污染研究"学习方案。

(二) 学情分析

七年级学生在小学科学课上已经初步接触过光的反射现象，也知道"光是沿直线传播"的，人们利用光的反射原理发明了很多有用的器具。但是初一学生还没有开始学习物理，身上还保留着小学生的幼稚特点，学习方法及抽象思维能力还没有形成。

他们对即将接触到的新学科充满着好奇，有强烈的学习参与意识和动手意识，而物理学科的学习实验性、操作性很强，非常符合七年级学生的学习特点。七年级学生的课堂参与欲很强，喜欢刨根究底，所以，40分钟的课堂往往不能满足学生的求知欲，这就需要给学生提供自主学习和问题探究的平台。

(三) 学习工具设计及其评价

1. 设计学习工具

在PHD课程学习活动中，适当指导学生参与PHD课程活动，实时给予帮助是非常重要的。因此，我们根据不同课时的学习目标设计了PHD课程学习指导，如：第一课时学习目标是讨论本课程的目的和意义，对玻璃幕墙光污染进行现状调查。为了指导学生设计玻璃幕墙光污染的调查问卷，我们提供了样例：

1. 你的年龄_____。

   A. 10—20　　　B. 20—30　　　C. 30—40　　　D. 40—50

2. 是否听说过光污染现象。如果知道,是通过什么渠道了解的?_____

   A. 是;通过课堂　　　　　　　B. 是;通过媒体

   C. 是;通过其他渠道　　　　　D. 不了解光污染问题

3. 你是否了解光污染?_____

   A. 非常了解　　　B. 了解一些　　　C. 不了解

4. 你觉得光污染包括哪些?_____

   A. 广告牌的光照　　　　　　　B. 霓虹灯的光照

   C. 工地施工的灯光　　　　　　D. 汽车远光灯

   E. 居民用灯　　　　　　　　　F. 建筑反光

5. 霓虹灯产生的光污染对你造成哪些影响?_____

   A. 晚上工作或学习会受到影响　B. 睡眠会受到影响

   C. 导致头晕　　　　　　　　　D. 导致眼疾

6. 你觉得光污染对各种生物是否有影响?_____

   A. 影响极大　　B. 有较大影响　　C. 有一定的影响　D. 没有影响

7. 你觉得你现在居住的环境存在光污染问题的程度有多大?_____

   A. 有极大的光污染问题,无法适应　　B. 有严重的光污染问题,难以适应

   C. 有一点光污染问题,但是能适应　　D. 不存在光污染问题

8. 你觉得抑制光污染应该怎么做比较合适?_____

   A. 政府制定相关治理政策　　　B. 减少使用反光系数高的玻璃幕墙

   C. 不许使用高亮度灯光　　　　D. 加强光污染知识的宣传

   E. 其他

2. 检核学习成果

在学生完成PHD课程学习的过程中,对学生的完成情况,要给予合理的评

价,才能促使学生更积极、有目标地去完成课程活动。在 PHD 课程学习完成之后,我们设计了课程学习评价量表作为学生 PHD 课程完成的考核。(见表 6-2-2)

表 6-2-2:"城市玻璃幕墙的光污染研究"课程学习评价量表

		需努力(1星)	合格(2星)	优秀(3星)	学生自评	组内互评	教师评价
过程评价		调查问卷的设计不够合理,不能达到调查目的	调查问卷的设计基本合理,基本达到调查目的	调查问卷的设计合理,能达到调查目的			
		实验方案设计不能科学探究城市玻璃幕墙光污染的产生原因,科学性、可行性待考量	实验方案设计能科学探究城市玻璃幕墙光污染的产生原因,设计科学、可行	实验方案设计能科学探究城市玻璃幕墙光污染的产生原因,设计科学、可行、安全			
结果评价		不能完成调查报告	调查报告符合PHD课程要求	调查报告符合PHD课程要求,结构合理、层次清楚			
		不能完成实验报告或微视频	实验报告或微视频符合PHD课程要求,实验步骤清晰	实验报告或微视频符合PHD课程要求,实验步骤清晰、数据真实、结论准确可靠			
		论文不符合PHD课程要求	论文符合PHD课程要求	论文符合PHD课程要求,且文理清晰			

最后,我们采用答辩量规,在 PHD 课程学习结束后,学生进行小组答辩和个人答辩,教师引入如下表格(见表 6-2-3),对学生的答辩进行评价,给出等第。

表6-2-3：PHD课程学习学生答辩评价量表（教师用表）

组别：_____ 指导教师：_____ 评价人：_____

PHD课程	评价维度	评价标准	等级
1	语言表达	表达流畅有条理，仪态大方、活泼，应答能力强	（A/B/C/D）
2	媒体应用	展示形式恰当、呈现方式多样、能够借助信息技术等媒体辅助展示	（A/B/C/D）
3	研究过程	（1）研究活动多样，研究方法恰当 （2）内容材料详实，素材丰富，过程记录完整 （3）数据量丰富，活动图片、视频等丰富	（A/B/C/D）
4	研究结果	研究结果完整、有创新性	（A/B/C/D）
5	小组合作	小组成员配合默契，体现团队良好的合作精神	（A/B/C/D）

二、PHD课程实施

（一）计划制定：明确任务安排，有序推进研究

为了推进PHD课程学习有序进行，使学生的学习更具目标性、循序性，我们将整个课程分为六个模块，让PHD课程实施过程清晰有序。

（二）PHD课程设计：依托网络平台和文献资料，精心设计课堂教学

PHD课程学习的落实必须通过课堂教学去实施，而课堂教学的效果直接决定了学生对PHD课程学习的完成度。每一个模块我们都分课时去完成。

第1模块：现状调查与问题界定。

我们要求学生依托网络平台和文献资料对PHD课程课题进行现状调查与

第六章 成果的构建性和评价的生长性

```
"城市玻璃幕墙光污染研究"    第1模块：现状调查与问题界定 → 了解玻璃幕墙光污染，现状调查
PHD课程学习              第2模块：文献检索与概念建构    ↓
                        第3模块：实验模拟与模型建构 → 探究产生玻璃幕墙光污染的原因
                        第4模块：案例分析与理论推导    ↓
                        第5模块：撰写报告与成果展示 → 得出结论、了解原因、提出措施
                        第6模块：答辩互动与系统反思
```

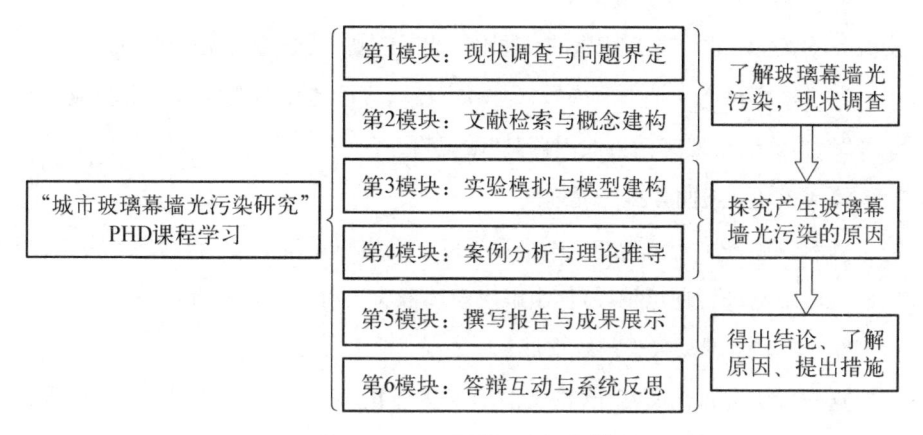

图 6-2-1：PHD 课程安排

问题界定。在课后，要求同学们对市民、司机等人员进行采访，设计调查问卷、发放调查问卷等，在这个过程中锻炼了学生与人沟通交流的能力以及分析问题、解决问题的能力。

第 2 模块：文献检索与概念建构。

玻璃幕墙光污染的现状、光污染的产生原因、玻璃幕墙光污染的解决措施等等这些问题，对于七年级学生来说，都极具挑战性，学生在研究这些问题的过程中，在查找资料的过程中还能发现其中的趣味性，他们的资料检索能力、归纳分析问题的能力都得到了相应的提高。这一模块将产生第一个成果即《"城市玻璃幕墙光污染的现状及原因分析"调查报告》，学生根据课前调查、采访的结果，在课堂活动过程中展示查找到的相关资料，完成一份"城市玻璃幕墙光污染的现状及原因分析"调查报告。

第 3 模块：实验模拟与模型建构。

我们引导学生进行小组合作，根据查阅获得的资料以及教师提供的现有器材或学生自备器材设计实验进行科学探究，在实验时做好实验过程和结果的记录，培养学生小组合作能力、动手能力和科学探究的能力，学生的参与度也大大地提高了。在进行实验探究的过程中，我们要对实验设计、实验实施、注意事项、处理数据、评价

交流等环节进行记录,形成完整的实验报告或制作成一个完整的实验微视频。

这一模块将产生第二个成果,即《城市玻璃幕墙光污染成因探究实验报告》以及"城市玻璃幕墙光污染成因探究"微视频。

第 4 模块:案例分析与理论推导。

针对玻璃幕墙光污染造成不良后果的案例进行系统分析,利用科学实验探究的实验结论进行理论推导,提出解决玻璃幕墙光污染的有效措施。

第 5 模块:撰写报告与成果展示。

这一模块进行论文写作,论文的形式多样化,可以是调查报告、实验报告、解决措施小论文等等,对于七年级学生来说,论文写作是他们没有接触过的,在教师的指导下,完成习作,学生能获得成就感,所以,又颇具挑战性和尝试性。这一模块将产生第三个成果,即《城市玻璃幕墙光污染解决措施》小论文。小论文围绕"城市玻璃幕墙光污染的有效解决措施"展开写作,在此过程中,我们学科组教师分组担任指导教师,指导学生进行材料搜索,并对学生的论文进行反复修改,使学生逐渐掌握论文写作的主要方法。

第 6 模块:答辩互动与系统反思。

这一模块将产生第四个成果,也就是 PHD 课程研究汇报答辩。汇报答辩把本次 PHD 课程学习推向了高潮,也起到了最终结题的作用。学生以小组为单位进行汇报、答辩,小组同学可以将本组进行 PHD 课程学习的过程进行阐述,呈现 PHD 课程学习的成果,针对导师提出的问题加以解答。考察小组的综合能力,各小组成员在此过程中增长知识、交流信息,也展示了汇报成员的勇气、信心和才能,并向教师、专家请求指导。这一模块在汇报的过程中,所有小组间都能够相互学习,进行反思,获得进步。

(三) PHD 课程实践

第一阶段:调查江阴市玻璃幕墙光污染的现状。

1. 分工合作,完美展现

对城市玻璃幕墙的光污染现状调查研究需要设计问卷、发放问卷、回收问卷、处理数据、进行采访等,只有进行了充分的准备工作,才能使整个调查的环节疏而不漏,因此,我们在进行调查研究前要指导学生作好明确的任务分配,把学生分成四大组来进行准备工作(见表6-2-4)。

表6-2-4：城市玻璃幕墙光污染调查研究小组分配

小组分配	各组任务
设计组	设计问卷、采访问题
问卷发放组	发放问卷
采访组	进行采访
统筹组	统筹整合

2. 问卷调查

设计调查问卷对于七年级学生而言有一定难度,学生自主设计的问卷中问

图6-2-2：路人填写调查问卷

题缺乏针对性,实践过程中,学生常常会混淆"调查问卷"和"调查报告"的概念,在学生初次尝试设计并发放问卷后,教师及时接收反馈,有针对性地指导大家掌握设计问卷的基本原则,思考关键问题:想收集哪些方面的信息,重点解决哪些问题。最后,把有价值的问题进行搜集、整理,形成调查问卷(见图6-2-3)。

图6-2-3:学生分享现状调查实施情况感悟

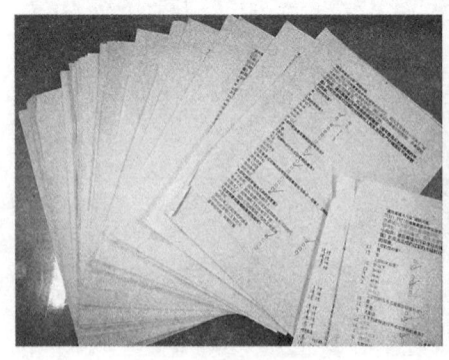

图6-2-4:学生整理调查问卷结果

第二阶段：探究城市玻璃幕墙光污染的原因。

科学实验探究围绕"城市玻璃幕墙光污染的产生原因"展开，学生自由提出问题，并由此设计出切实可行的实验进行探究。对于学生提出的问题是否具有探究价值、如何设计实验过程，教师进行必要的指导。

图6-2-5：学生探究"光的反射"规律

每一组尽量选择不同的问题进行探究，组内的每位同学也必须有明确的职责分工，相互配合进行实验探究，并完成实验报告（见表6-2-5）。

表6-2-5：实验探究分工

人员分工	任 务
实验设计员	设计实验
实验操作员	进行实验
实验记录员	记录实验过程、实验数据
实验检查员	全程跟踪、检查

不同的实验内容，角色分工也不一样，但是每个角色的工作都是必不可少的，学生一定会充分发挥自己的聪明才智，做好"分配"给自己的工作，并对工作负责。在实验的过程中，组内的任何成员都可以对其他工作进行补充或提出意见。

第三阶段：撰写"城市玻璃幕墙光污染解决措施"小论文。

学生围绕"城市玻璃幕墙光污染解决措施"进行论文写作，通过文献搜索积累相关理论知识，结合前期对江阴市玻璃幕墙光污染的现状调查结果和对光污染原因的探究，在教师的指导下进行小论文写作。论文成果在课堂上进行展示和答辩。

以下为潘奕玲同学撰写的调查报告：

城市玻璃幕墙光污染调查报告

现在越来越多的建筑物喜欢使用玻璃幕墙来提高它的观赏性。因此玻璃幕墙造成的光污染问题也越来越严重。为此我设计了一份调查问卷来调查大家对光污染的了解程度。

我在小区和妈妈单位里发放了20份调查问卷，共收回19份，有效问卷18份。

现在我将调查统计结果附下：

城市玻璃幕墙光污染调查问卷统计

一、单选题：

1. 您是否了解光污染现象？

A. 非常了解	1人
B. 基本了解	5人
C. 有点了解	8人
D. 不了解	4人

2. 您曾通过何种途径得知过建筑玻璃幕墙光污染这一现象？

A. 亲身体验	2人
B. 他人讲述	9人
C. 政府宣传	6人
D. 媒体报道	1人

E. 没听说过　　　　　　　　　　　　　　　　　3人
3. 您对建筑玻璃幕墙光污染的态度是?
A. 不太在意,因为对我影响不大　　　　　　　　5人
B. 有点关注,因为偶尔会受到建筑玻璃幕墙光污染的困扰　　10人
C. 比较关心,因为我时不时会被它干扰　　　　　3人
D. 非常关注,因为它已经影响了我的正常生活　　0人
4. 您觉得建筑玻璃幕墙的美观性如何?
A. 不美观　　　　　　　　　　　　　　　　　　3人
B. 视觉效果上不如传统的墙面　　　　　　　　　2人
C. 与传统墙面相比各有优劣　　　　　　　　　　8人
D. 富有现代感,新颖好看　　　　　　　　　　　5人
5. 您对玻璃幕墙看法如何?
A. 挺好的,我挺喜欢　　　　　　　　　　　　　6人
B. 不太好,对生活有点影响　　　　　　　　　　11人
C. 很不好,影响很大　　　　　　　　　　　　　1人
6. 在您所在城市生活中会经常看见建筑玻璃幕墙光污染的现象吗?
A. 很常见　　　　　　　　　　　　　　　　　　4人
B. 偶尔会遇到　　　　　　　　　　　　　　　　8人
C. 不常见　　　　　　　　　　　　　　　　　　6人
D. 从来没见过　　　　　　　　　　　　　　　　0人
7. 您是否感受到过光污染?
A. 是:何处　　　　　　13人(开车7人,写字楼4人,健身房2人)
B. 否　　　　　　　　　　　　　　　　　　　　5人

二、多选题:
8. 您在哪个时间段受建筑玻璃幕墙光污染影响较为频繁?
A. 晨间(07:00—09:00)　　　　　　　　　　　　5人

B. 午间（12:00—14:00） 10人

C. 傍晚（17:00—19:00） 6人

D. 晚间（22:00—24:00） 0人

9. 建筑玻璃幕墙反光对您生活的主要影响方面是？

A. 工作 7人

B. 出行 15人

C. 生活起居 5人

D. 其他（请填写）： 0人

10. 您在生活中听说或遇见过下列哪个建筑玻璃幕墙不利影响的次数最多？

A. 反光造成附近地区温度上升 0人

B. 长时间反光造成生理不适 4人

C. 司机受反光影响产生安全隐患 11人

D. 反光强烈影响睡眠休息 5人

11. 您认为光污染治理面临着哪些难题？

A. 群众对于光污染的认知不足 15人

B. 缺乏相应的管理部门 14人

C. 建筑玻璃幕墙材料技术的限制 9人

D. 我国相关的法规政策不完善 11人

12. 您希望以何种方式改善建筑玻璃幕墙光污染的问题？

A. 把光污染列入环境防治范畴 12人

B. 成立相关治理机构 11人

C. 优选反光系数低的建筑幕墙材料 8人

D. 加快相关法律规定的制定进程 6人

根据上面的调查统计结果，分析如下：

从第1道题"您是否了解光污染现象"可以看出，大家对光污染的了解严重不足，只有1个人选择非常了解，还有4个人完全不了解光污染。大部分人只是有一点了解。再结合第2道题,大部分人就算有一点了解光污染,也是通过媒体报道而非亲身体验过。政府宣传只有一个人选择,由此可见政府在这方面的工作还是不足。

看第3题、第4题和第5题,大家对玻璃幕墙的态度,对它的美观性感受和看法。在第3题中,超过半数的人选择了有点关注,因为他们偶尔会受到玻璃幕墙光污染的困扰。剩余的人,都选择了影响不大,或者是时不时会被干扰,但是没有人认为,光污染已经影响了个人的正常生活。再结合第4题和第5题,可以发现,大多数人都觉得,玻璃幕墙与传统墙面相比来说,各有优劣。但是,对它非常喜欢的人,或者非常不喜欢的人并不是很多,大部分人说,不算很好,对生活只是有点影响而已。由此可见,江阴的光污染并没有那么严重,或者只是大家并没有过多地接触光污染而已。

再看第6题和第7题,在第6题中,更多人选择了偶尔会遇到光污染。而在第7题中,在开车时遇到光污染的人是最多的。

接着看多选题的第8题、第9题和第10题。在第8题中,更多的人在午间受光污染的影响比较大。而在第9题和第10题中,大部分的人在出行时受光污染的影响比较大,而且更多的人觉得司机受光污染的影响而产生安全隐患是一个问题。结合多道选择题来看,大部分人认为出行受到的影响最大,因此我们要杜绝这种现象,保证我们的行车安全、道路安全。

最后看一下第11题和第12题。在第11题中,大部分的人认为,群众对光污染的认识不足、缺乏相应的管理部门以及相关法律政策不完善,是光污染治理面临的主要难题。光污染并不是一个简单的现象,有时候,它也非常的危险,但是,从多数的选项来看,大家对于光污染的认知还是不足的。再结合起来看,缺乏管理部门和法律政策不完善,对于群众对光污染的认知不足起到了推动性的作用。在第12题中,更多的人认为把光污染列入环境防治范畴和成立相关的治理机构,是更重要的。相对来说,我们可以发现:其实很多人对于光污染是非常在意的,很多人都觉得前两项实行效果又快又好,也侧面反映了大家对光污染治理的迫切期待。

综上所述,我得出如下结论:

1. 群众对光污染的认知不足,这足以成为光污染治理过程中的一大难题。因此要进行光污染的治理,我们必须先让大家了解光污染,知道什么是光污染,以及它对我们的危害有多大。

2. 大多数人反映在开车过程中遇到光污染的次数非常多,而且也认为它非常的不安全,因此将光污染治理做到实处,也是保障我们道路安全的一个重要举措。

第四阶段:成果展示。

PHD课程活动的过程中,每个小组在进行调查问卷、科学探究时,每位成员都有不同的收获和体验。在PHD课程的最后阶段,教师给学生一个展示的舞台,展示个人作品、论文、心得体会(见图6-2-6、图6-2-7、图6-2-8)。

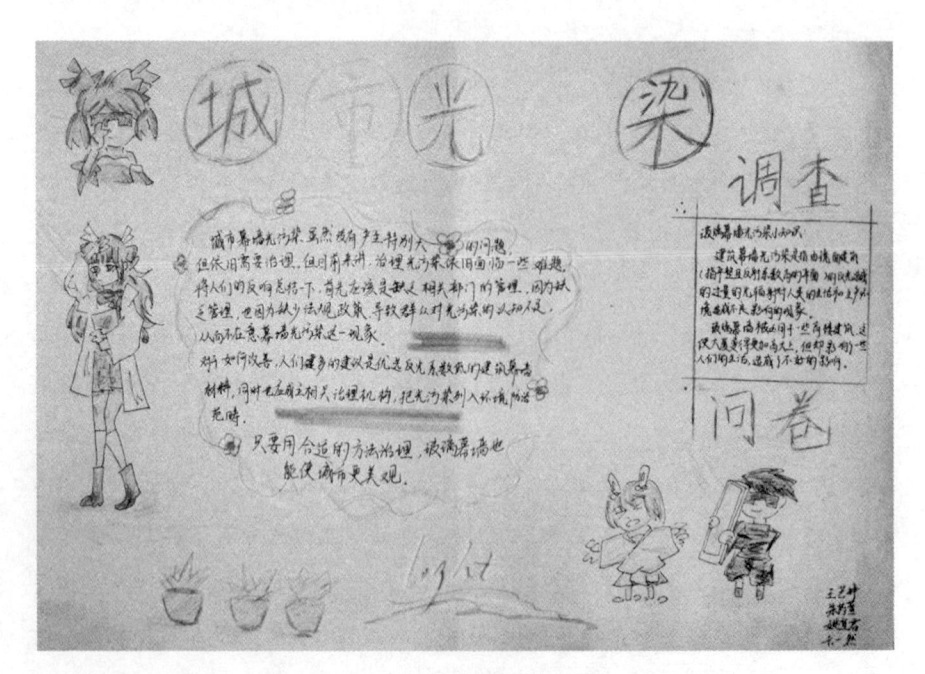

图6-2-6:学生成果展示——手抄报

图6-2-7：学生汇报实验探究及论文成果

图6-2-8："南菁小博士"授予仪式

三、PHD课程反思

(一) PHD课程学习结合物理学科特点，贴近学生生活

在PHD课程实施过程中，学生可以了解到江阴市城市玻璃幕墙光污染的现状，探究关于玻璃幕墙光污染的原因、解决措施等，拓宽视野，培养学生保护生活环境的意识。

(二) 过程评价促成长，学生学习有动力

对于学生而言，从最初毫无具备PHD课程学习的经验，到投入到科学探究中去，再到撰写论文、汇报及评价，同学们互相配合，明白团队协作的重要性，在小组讨论和分工合作中最终完成了PHD课程探究。同时，学会对信息进行收集、分析和判断，去获取知识、应用知识、解决问题，从而增强思考力和创造力，培养创新精神和完美人格。PHD课程用另一种方式增进了同学间的友谊，激发了学生对自由创新的热情，培养了独立思考、探究新事物的科学精神，同时也提高了学生的社会交往能力，正好填补了学生在课堂上学习的最大不足，为以后进入社会奠定基础，这也是本次PHD课程对学生的重大意义之一。

(三) PHD课程实施多样化，教师教学有思考

对于教师而言，开展PHD课程是挑战也是机遇。在探究过程中，教师真正实现了将课堂还给学生，让学生真正成为课堂的主人，学生置于问题之中，而教师起到引导和指导的作用，放手让学生自主探究。但是，在PHD课程的背后，也对教师知识的深度和广度有着更高的要求，因此，教师和学生要一起学习一起成长。

通过此次PHD课程探究，我们也意识到需要改进的地方。

第一，对PHD课程的评价要求应更明确具体。让学生充分了解相关评价细则，明确评价标准，对于整个PHD课程探究的方向有一定的指导意义。要重视评价，培养学生在整个小组合作过程中对自己和他人的评价、总结和反思的能力。

第二，小组合作意识要增强。教师在平时的教学中就应该培养学生的合作意识，引导学生自主探究、合作交流。这种教学符合素质教育理念，有利于提高学生的思维能力，能有效地激发学生的思维积极性、开拓性。在学习小组内，要明确每个人的分工，做好记录工作，学会合作，学会分享。

第三，对PHD课程学习的引导应更细致化。无论是从教师和学生在其中的角色，还是对教师和学生的要求，PHD课程学习和平时课堂学习都是不同的。但是，在这次PHD课程学习中，学生的学习热情有待提高，在探究过程中学生处于摸索的适应阶段，如何让学生快速适应学习方式的改变，如何真正发挥教师的引导作用，是值得我们思考的。

（撰稿人：张逸婷）

后记

本书作为《学校美育课程的立体建构——菁华园课程的逻辑与框架》《学校课程群设计方法》的续本,既是江苏省南菁高级中学实验学校持续推进课程建设的校本表达,亦是江苏省教育科学"十三五"规划重点资助课题"支持初中生泛在学习的课程建构研究"的阶段性成果,一方面体现出近年来学校在课程建设方面的实践不断加强,另一方面也彰显出泛在语境下学校对学生学习方式重整的认识渐趋深入。如果说前两本专著是从宏观和中观层面上对学校课程建设的成果梳理,那么这本专著则是从微观层面展现校本课程开发的生动实践。从"PHD课程"概念的提出、项目的论证、实践的推进,到如今的《像博士一样探究——PHD课程的创意与探索》书稿完稿以及付梓,全体参与者在收获着快乐与感激的同时,也收获了一份沉甸甸的责任与担当。

这份责任与担当生发于课程建构"本体"的维度体认。教育的宗旨是以学生发展为本,校本课程的开发与建构要考虑到学生发展、教师发展和学校发展的整体联系,因而需要学校领导、教师和学生的共同参与,《像博士一样探究——PHD课程的创意与探索》正是遵循了这一理念。在建构的过程中我们十分重视师生的自我发展、自我体验,重视学生的自我意识、自我选择,通过他们共同建构课程的亲身经历,体悟课程应有的特质和学习原初的本质,切实承担起课程建设的责任和使命。

这份责任与担当生长于学科发展"本位"的态度转变。在传统的课程建设过程中,学科教师坚持"以学生为本",努力坚守学科阵地、彰显学科特色,但同时也出现了过分强调学科的独立性和重要性,把学科教学凌驾于学生的发展之上,把学生的学习拘囿于课堂之内等现象,严重违背了学生认识事物的规律,制约了学科教育效益的提升。而《像博士一样探究——PHD课程的创意与探索》

通过项目研发、启动和实施，基于学科又超越学科，始于课堂又走出课堂，充分利用一切可以利用的资源，丰富和发展了学科教育的内容和意义。

这份责任与担当生成于学校文化"本质"的深度实践。学校是因学生而存在的，学校文化作为一种价值追求，最终指向必然是学生的发展，指向对学生理想素质的期盼。《像博士一样探究——PHD课程的创意与探索》坚守南菁"崇尚勤读、提倡朴学、知行并重、关注社会"的文化品格和"重实、求严、图新"的学校精神，通过不断地"向着美的方向奔跑"，革故鼎新，赋予课程建构以无限的生命力和创造力，焕发出南菁实验人独有的荣光与气宇。

北京师范大学资深教授顾明远先生在百忙之中欣然为本书作序，为这一研究成果增添了厚重的砝码。在项目推进过程中，上海市教育科学研究院杨四耕先生、无锡教科所包智强先生、江阴市教科室许建国先生等专家和领导给予了极有意义的帮助。此外，在书稿撰写的过程中，我们参考并引用了相关报刊、著作中的观点和资料，其给予了我们思路、方向上的启发和支持，无法一一列举。在此，一并表示感谢。

本书是集体智慧的研究成果，其框架与提纲由本书编委会集体设计，其内容和方法来自于学校领导、各个科室、学科组长及骨干教师的全情参与、潜心研究、深入反思。大家彼此分享智慧和收获，相互给予温暖和关怀，走过了一段难忘而又珍贵的旅程。

需要说明的是，因时间有限，更主要的是囿于我们的理论水平、研究视野，本项目的研究深度和广度受到一定的限制，书中的理论阐述、实践操作等方面并不完美，甚至有些地方可能需要进一步推敲，所以错误和疏漏之处在所难免，祈请读者不吝赐教和批评指正。

费玉新
2022年1月

"品质课程"阅读书目

学校整体课程规划	978-7-5760-0423-6	48.00	2022 年 1 月
推进育人方式变革的区域教学改进研究	978-7-5760-2314-5	56.00	2021 年 12 月
学校整体课程规划的七个关键	978-7-5760-0424-3	62.00	2021 年 3 月
课堂教学的 30 个微技术	978-7-5760-1043-5	52.00	2020 年 12 月
教学诠释学	978-7-5760-0394-9	42.00	2020 年 9 月

品质课程聚焦丛书

自组织课程：语文学科课程群新视角	978-7-5760-1796-0	48.00	2021 年 12 月
数学作为学习共同体：一种新的数学课程观	978-7-5760-1746-5	52.00	2021 年 12 月
学科育人的整体课程范式	978-7-5760-2290-2	46.00	2021 年 12 月
聚焦育人质量的学科课程设计	978-7-5760-2288-9	42.00	2021 年 11 月
活跃的学习图景：学校课程深度实施	978-7-5760-2287-2	48.00	2021 年 11 月
学科文化：英语学科课程新视角	978-7-5760-2289-6	48.00	2021 年 12 月
课程联结：学科课程群设计方法	978-7-5760-2285-8	44.00	2021 年 12 月
数学学科课程决策：专业视角	978-7-5760-2286-5	40.00	2021 年 12 月
特色项目课程：体育特色课程的校本建构	978-7-5760-2316-9	36.00	2021 年 12 月
进阶式探究课程设计：学科整合视角	978-7-5760-2315-2	38.00	2021 年 12 月
赋能思维：中学数学学科课程群设计	978-7-5760-2593-4	42.00	2022 年 4 月
语文学习维度与学科课程设计	978-7-5760-2592-7	42.00	2022 年 4 月
提升学校课程品质	978-7-5760-2596-5	52.00	2022 年 6 月
活跃学校课程实施	978-7-5760-2595-8	50.00	2022 年 6 月
确定学校课程哲学	978-7-5760-2594-1	44.00	2022 年 6 月
建构学校课程框架	978-7-5760-2597-2	48.00	2022 年 6 月
跨界课程：学科课程的边界拓展	978-7-5760-2680-1	48.00	2022 年 10 月
泛项目化课程：艺术学科视角	978-7-5760-2626-9	38.00	2022 年 10 月

特色学校聚焦丛书

儿童是天生的探索者：360° 科学启蒙教育	978-7-5675-9273-5	36.00	2020 年 2 月
做精神灿烂的教师：教师自我成长的 5 个密码	978-7-5760-0367-3	34.00	2020 年 7 月

让教育温暖而芬芳	978-7-5760-0537-0	36.00	2020年9月
快乐教育与内涵生长	978-7-5760-0517-2	46.00	2020年12月
故事教育与儿童发展	978-7-5760-0671-1	39.00	2021年1月
美好教育：学校内涵发展的循证研究	978-7-5760-0866-1	34.00	2021年3月
把美好种进儿童心田	978-7-5760-0535-6	36.00	2021年3月
倾听生命的天籁："天籁教育"的实践与探索	978-7-5760-1433-4	38.00	2021年9月
为了每一个孩子的美好心愿	978-7-5760-1734-2	50.00	2021年9月
向着优秀生长："模范教育"的理念与实践	978-7-5760-1827-1	36.00	2021年11月
让个性自然发荣滋长："引发教育"的理论寻源与实践探索	978-7-5760-2600-9	38.00	2022年3月
面向每一个生命的教育	978-7-5760-2623-8	44.00	2022年8月
让每一个生命澄澈明亮："小水滴"课程的旨趣与创意	978-7-5760-2601-6	54.00	2022年8月

跨学科课程丛书

大情境课程：主题设计与创意评价	978-7-5760-0210-2	44.00	2020年5月
社会参与素养的培育模型与干预机制	978-7-5760-0211-9	36.00	2020年5月
大概念课程：幼儿园特色主题活动设计	978-7-5760-0656-8	52.00	2020年8月
项目学习：进入学科的课程智慧	978-7-5760-0578-3	38.00	2021年4月
STEAM课程的设计与实施	978-7-5760-1747-2	52.00	2021年10月
像博士一样探究：PHD课程的创意与探索	978-7-5760-3213-0	52.00	2023年1月

核心素养导向的课堂教学丛书

转识成智的课堂教学：核心素养导向的历史教学	978-7-5760-0164-8	40.00	2020年5月
学导式教学：学会学习的教学范式	978-7-5760-0278-2	42.00	2020年7月
高阶思维教学的关键技术	978-7-5760-0526-4	42.00	2021年1月
会呼吸的语文课：有氧语文的旨趣与实践	978-7-5760-1312-2	42.00	2021年5月
高阶思维教学的核心指向	978-7-5760-1518-8	38.00	2021年7月
磁性课堂：劳动技术课就这样上	978-7-5760-1528-7	42.00	2021年7月
核心素养导向的作业设计	978-7-5760-1609-3	40.00	2021年8月
语文，让精神更明亮	978-7-5760-1510-2	42.00	2021年9月
"六会"教学法：基于核心素养的课堂教学	978-7-5760-1522-5	42.00	2021年9月

深度教学的内在维度：数学反思性学习的六个策略			
	978-7-5760-2590-3	36.00	2022 年 3 月
具身学习的 18 种实践范式	978-7-5760-2591-0	38.00	2022 年 6 月
课堂是照亮彼此的地方	978-7-5760-2621-4	46.00	2022 年 7 月
以学习为中心的课堂范型	978-7-5760-2622-1	42.00	2022 年 8 月
简练语文：教学主张与实践智慧	978-7-5760-2681-8	56.00	2022 年 9 月

特色课程建设丛书

教师，生长的课程	978-7-5760-0609-4	34.00	2020 年 12 月
学校课程发展的实践范式	978-7-5760-0717-6	46.00	2020 年 12 月
学科课程群设计方法	978-7-5760-0579-0	44.00	2021 年 3 月
学校美育课程的立体建构：菁华园课程的逻辑与框架			
	978-7-5760-0610-0	36.00	2021 年 3 月
关键学习素养与学科课程设计	978-7-5760-1208-8	34.00	2021 年 4 月
学校课程设计：愿景建构与深度实施	978-7-5760-1429-7	52.00	2021 年 4 月
生长性课程：看见儿童生长的力量	978-7-5760-1430-3	52.00	2021 年 4 月
"慧阅读"课程：儿童视角	978-7-5760-1608-6	42.00	2021 年 6 月
幼儿个性化运动课程	978-7-5760-1825-7	56.00	2021 年 11 月
幼儿园特色课程的框架与实施	978-7-5760-2598-9	48.00	2022 年 3 月
课程是鲜活的："大视野课程"的旨趣与活性	978-7-5760-2599-6	42.00	2022 年 7 月
指向核心素养培育的学校课程图谱	978-7-5760-2624-5	42.00	2022 年 7 月

课堂教学新样态丛书

课堂，与美最近的距离：基于学科核心素养的课堂教学变革			
	978-7-5675-7486-1	38.00	2022 年 4 月
协同教学：意蕴与智慧	978-7-5675-8163-0	48.00	2022 年 4 月
决胜课堂 28 招	978-7-5760-2625-2	52.00	2022 年 4 月
一百个孩子，一百个世界：基于差异的教学变革	978-7-5675-6754-2	42.00	2022 年 11 月
课堂如诗："雅美课堂"的姿态	978-7-5675-7219-5	42.00	2022 年 11 月
在教室里眺望世界：基于 BYOD 的教学方式变革	978-7-5675-8247-7	52.00	2022 年 11 月